# Google Kalender

YouMindIT-Team

# Google Kalender

## Google Apps für KMU

Bibliografische Information der Deutschen Nationalbibliothek:

Die Deutsche Nationalbibliothek verzeichnet diese Publikation in der Deutschen Nationalbibliografie; detaillierte bibliografische Daten sind im Internet über http://dnb.dnb.de abrufbar.

Illustration: **YouMindIT**

Herstellung und Verlag: BoD – Books on Demand

ISBN: 978-3-8482-2792-1

# Inhaltsverzeichnis

# 1 Einleitung

Als Erstes möchten wir Ihnen Hinweise zum Lesen dieses Buches geben. Die Kapitel sind immer gleich aufgebaut und fangen mit einer Übersicht des Inhalts an. Anschliessend folgen Anmerkungen zu den Voraussetzungen, sei es Vorwissen oder technische Aspekte. Zuerst werden die Theorie, Funktionen und Einstellungen erklärt und abschliessend ein Praxisbeispiel gegeben, um die Theorie zu veranschaulichen.

Eilige können auch direkt ins Praxisbeispiel einsteigen und falls Sie etwas detaillierter wissen möchten, im theoretischen Teil nachschlagen. Möchten Sie zuerst die Grundlagen und anschliessend die Umsetzung sehen, lesen Sie das Buch einfach kapitelweise durch.

Sie werden Schritt für Schritt durch die Funktionalitäten von GoogleKalender geführt. Dazu wurden zahlreiche Screenshots eingeführt, so dass Sie die Inhalte auch ohne laufenden Computer durchgehen können. Es ist jedoch zu empfehlen die Funktionalitäten die vorgestellt werden, mit einem Google Konto gleich in die Tat umzusetzen, um den Lernerfolg zu maximieren.

Es bleibt uns Ihnen viel Spass und Freude mit den Funktionalitäten von GoogleKalender zu wünschen und gute Lektüre zu wünschen!

# 2 GoogleKalender

## 2.1 Einleitung

In diesem Kapitel werden die Funktionalitäten des Google Kalenders vorgestellt. Sie lesen über die Verwendung des Kalenders, die Verwaltung von Terminen und Aufgaben sowie Informationen über die verschiedenen Einstellungen und zahlreichen Optionen. Der Praxisfall zeigt an einem Beispiel auf, wie Sie den Kalender in der Praxis einsetzen können und online zugänglich zu machen.

**Inhalte dieses Kapitels:**

1. Verwendung von GoogleKalender
2. Verwaltung von Terminen / Aufgaben mit GoogleKalender
3. GoogleKalender Einstellungen
4. Praxisbeispiel Kalender über das Internet freigeben
5. Praxisbeispiel Kalender in GoogleSites veröffentlichen

**Voraussetzungen:**
Sie sollten einen Google App Account besitzen. Es geht auch mit einem „normalen" Google Account, doch gewissen Funktionalitäten stehen Ihnen dann nicht zur Verfügung. Für Teile des Kapitels (Praxisbeispiel) benötigen Sie Kenntnisse über GoogleSites.

## 2.2 GoogleKalender Verwenden

Gehen Sie zur URL: www.google.ch und melden Sie sich bei Google mit Ihrem Google Account an (siehe Abbildung 2.1). Falls Sie kein Konto besitzen, können Sie eine Schritt für Schritt Anleitung zum Erstellen eines normalen Gmail Kontos dem Abschnitt 4 entnehmen. Melden Sie sich zum ersten Mal an einem Konto an, welches zu einer Domain[1] bei Google gehört, müssen Sie die AGB akzeptieren (siehe Abbildung 2.2). Dazu müssen Sie das Wort in der Grafik in das

---

[1] Unterschiede zwischen einem Gmail-Account und dasjenige einer Domain (GoogleApps) finden Sie unter der URL: http://support.google.com/mail/bin/answer.py?hl=de&answer=34383

Formularfeld eintippen und anschliessend den Button *„Ich akzeptiere. Weiter zu meinem Konto"* klicken. Diese Massnahme ermöglicht es Google zu verifizieren, dass tatsächlich ein menschlicher Benutzer das Konto eröffnet und nicht etwa ein Computerprogramm Konten generiert. Zudem werden Sie aufgefordert, das Initialpasswort zu ändern (siehe Abbildung 2.3). schliesslich gelangen Sie zur Google-Startseite und sind dort angemeldet. Sie erkennen das daran, dass in der oberen rechten Ecke der Startseite Ihr Account-Name angezeigt wird (siehe Abbildung 2.4).

**Abbildung 2.1:** Anmeldung bei Google

**Abbildung 2.2:** Allgemeine Geschäftsbedingungen akzeptieren

**Abbildung 2.3:** Initialpasswort ändern

**Abbildung 2.4:** Startseite angemeldet mit Account z.B. p.meier@youmindit.ch

Nachdem Sie angemeldet sind, klicken Sie auf den Kalender Tab oben in der Menüleiste. Bei erstmaligem Verwenden werden Sie nach Ihrem Land und Ihrer Zeitzone gefragt. Wählen Sie aus dem Dropdown die korrekten Angaben und bestätigen Sie mit *„Zeitzone festlegen"*.

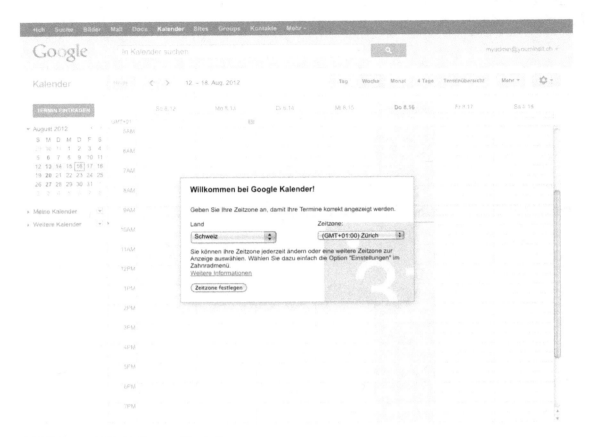

**Abbildung 2.5:** Zeitzone Einstellen

Anschliessend werden Sie zur Kalenderansicht weitergeleitet.

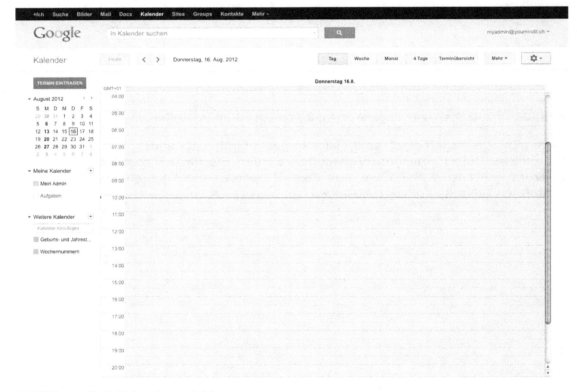

**Abbildung 2.6:** Kalenderansicht

Als erstes Steuerfeld oben, links neben den Pfeilen Links und Rechts ⟨ ⟩ , ist

das Steuerfeld ⬚ zu sehen. Mit Heute kehren Sie zum heutigen Tag zurück. Falls Sie sich schon beim heutigen Tag befinden, ist das Steuerfeld Heute grau und damit ohne Funktion.

Mit den Pfeilen Links und Rechts ⟨ ⟩ blättern Sie im Kalender jeweils einen Tag vor oder zurück.

Das Steuerelement rechts von den Pfeilen wird verwendet, um die Ansicht des

Kalenders zu wählen ⬚ Tag  Woche  Monat  4 Tage  Terminübersicht . Die Tagesansicht gibt einen Überblick über den Tag, die Wochenansicht eine über die Woche, die Monatsansicht eine Übersicht über den ganzen Monat und das 4 Tage- Steuerfeld wechselt zur Übersicht der kommenden 4 Tage. Grau hervorgehoben wird die aktuell dargestellte Ansicht. Die verschiedenen Ansichten sind in Tabelle 2.1 grafisch dargestellt.

Der rote Strich in der Tages-, Wochen- und 4 Tages-Ansicht steht für die aktuelle Zeit. Weiter wird bei Mehrtagesübersichten der aktuelle Tag grau hervorgehoben.

**Tabelle 2.1: Kalenderansichten**

Als letzte Auswahlmöglichkeit im Steuerfeld der Ansichten kann eine Terminübersicht ausgewählt werden. Diese zeigt eingetragene Termine chronologisch in einer Liste an. Die Darstellung der Termine ist in der Abbildung 2.7 dargestellt.

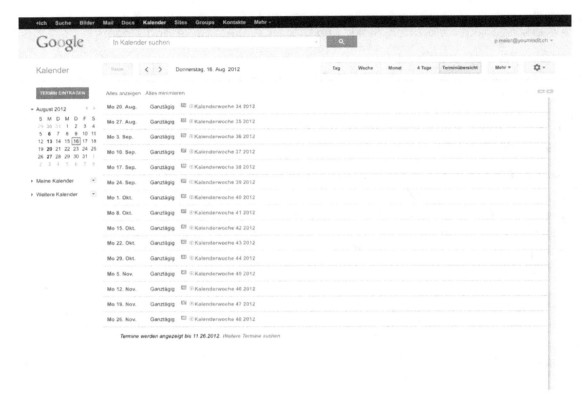

**Abbildung 2.7:** Terminübersicht

Rechts neben dem Ansichtensteuerfeld gibt es ein weiteres Steuerfeld [Mehr ▾], das mit *„Mehr"* beschriftet ist. Dieses enthält die Optionen die Kalenderansicht und die darin enthaltenen Termine zu aktualisieren. Zudem kann die Option *„Drucken"* ausgewählt werden, um die aktuelle Ansicht zu drucken.

**Abbildung 2.8:** Menüoptionen des Kalendersteuerfeldes „Mehr"

Am oberen rechten Rand der Ansicht befindet sich das Steuerfeld, das einem Zahnradsymbol entspricht. Dies wird auch GoogleGears-Steuerfeld oder Zahnradsymbol bezeichnet und dient zur Veränderung des Kompaktheitsgrades der Seitendarstellung, Aufrufen der Einstellungen, der Hilfe und Google Labs.

Die kompakte Ansicht reduziert Leerräume im Vergleich zur Normalen Ansicht. Die kompakte Darstellung reduziert insbesondere horizontal die Leerräume zu den Seitenrändern. Die Schmale Ansicht verkleinert zusätzlich vertikal die Ausdehnung der Menüs und Steuerelemente.

**Abbildung 2.9:** Zahnrad- / GoogleGears-Steuerfeld

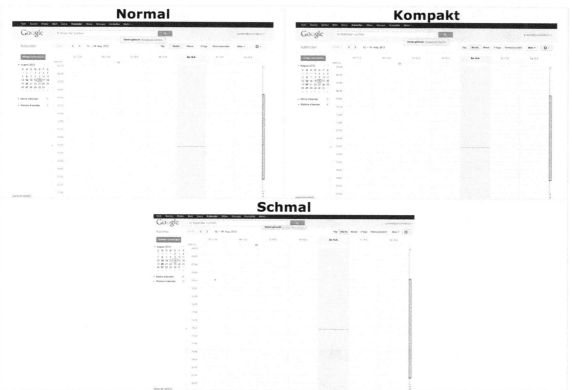

**Tabelle 2.2:** Kompaktheitsgrad der Seitendarstellungen

## 2.2.1   Erstellen eines Termins

Klicken Sie auf den Button [TERMIN EINTRAGEN]. Sie gelangen zum Dialog in Abbildung 2.10. Im ersten Feld mit dem fettgedruckten Text können Sie einen Namen für den Termin eingeben. Gleich darunter können Sie jeweils für Start und Ende des Termins ein Datum und eine Uhrzeit auswählen. Wenn Sie in die Felder für Datum und Uhrzeit klicken, tauchen Assistenten auf, damit Sie mit der Maus die entsprechende Option auswählen können. Wenn Sie in das Feld geklickt haben können Sie den Wert aber auch mit den Pfeiltasten Hoch / Runter auf Ihrer Tastatur jeweils um einen Tag bzw. 30 Minuten erhöhen / verringern.

Für Ganztägige Termine klicken Sie die darunterliegende Checkbox „**Ganztägig**". Dann erscheint dieser Termin oben im Kalender ohne spezifische Dauer.

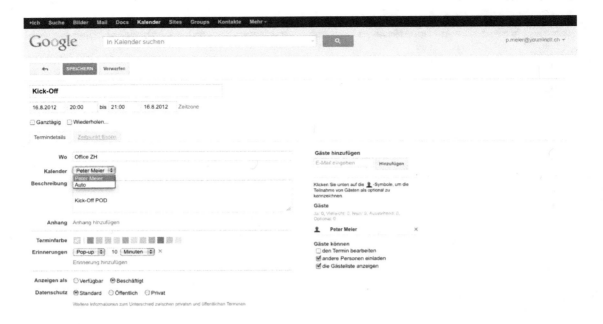

**Abbildung 2.10:** Termin erstellen

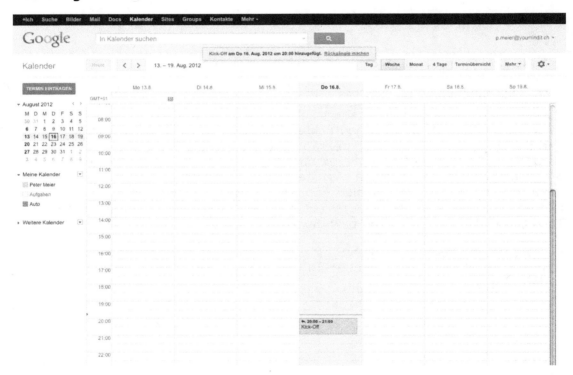

**Abbildung 2.11:** Eingetragener einmaliger Termin

**Abbildung 2.12:** Eingetragener ganztägiger Termin

Wiederholt sich der Termin regelmässig an einem bestimmten Tag, dann können Sie die Checkbox *„wiederholen"* aktivieren. Dies führt Sie zum Dialog in Tabelle 2.3. Sie können die Anzahl Wochen festlegen, wenn sich der Termin jede Woche für z.B. 3 Wochen wiederholt. Zusätzlich ist es möglich bestimmte Tage mit den Checkboxen zu wählen, an denen der Termin wiederholt werden soll. Als Standardeinstellung für das Enden der Wiederholung ist Nie. Sie können den Termin jedoch auch nach einer gewissen Anzahl Vorkommen enden lassen oder ein genaues Datum für das Enden des Wiederholungstermins festlegen. Wenn Sie mit Fertig die Wiederholungsoptionen abschliessen, können Sie im Termindialog (Abbildung 2.13) sehen, dass die Wiederholung mittels fettgedrucktem Text eingetragen ist. Speichern Sie auch diese Termindetails, dann wird der Termin, in diesem Fall wöchentlich Freitags wiederholt, in der Monatsübersicht jeden Freitag um 8 Uhr angezeigt (Abbildung 2.14).

**Tabelle 2.3:** Wiederholungsdialog mit Optionen

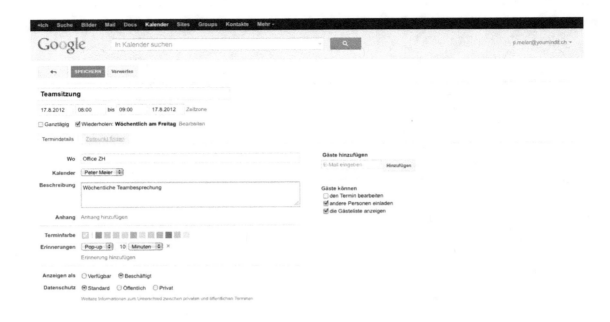

**Abbildung 2.13:** Wöchentlich wiederholter Termin

**Abbildung 2.14:** Eingetragener wöchentlich wiederholter Termin

Im Formularfeld „Wo" können Sie Angaben zum Ort des Termins machen.
Unterhalb des Formularfeldes „Wo" finden Sie das Formularfeld Kalender. Dort
können Sie auswählen zu welchem Ihrer Kalender der Termin zugeordnet werden
soll. Im vorliegenden Beispiel sind das der Kalender „Peter Meier" und der
Kalender „Auto". Im Feld Beschreibung ist Platz für eine detaillierte Beschreibung
des Termins. Zusätzlich können Sie ein Dokument z.B. Traktandenliste oder Foto
einer Wegbeschreibung als Anhang hinzufügen. Bei der Terminfarbe können Sie
die Farbe des Termins ändern. Als Standard wird die Farbeinstellung vom

Kalender übernommen. Bei der Erinnerung können Sie zwischen einer Pop-Up-Erinnerung oder einer E-Mail Erinnerung auswählen. Die Zeitangabe in Minuten, Stunden, Tage oder Wochen gibt an, wie viel im Voraus der Kalender Sie an den Termin erinnern soll. Bei Geburtstagen kann es sinnvoll sein, dass dies einige Wochen im Voraus ist, damit noch genügen Zeit für die Besorgung für Geschenke bleibt. Bei Geschäftsterminen bei Kunden können Sie hier den Anfahrtsweg einkalkulieren. Die Einstellung *„Anzeigen als"* zeigt Ihre Verfügbarkeit an. Insbesondere beim finden eines Termins mit anderen Personen, ist dieser Status hilfreich, denn Sie können mit GoogleKalender freie Zeitfenster finden, indem Sie mit GoogleKalender die freigegebenen Kalender von Personen die an einem Termin teilnehmen, vergleichen (siehe Abschnitt 2.2.1.2). Bei der Datenschutzoption haben Sie die Wahl zwischen Standard, Öffentlich oder Privat. Standard heisst, dass die Datenschutzbedingungen aus den Einstellungen des Kalenders genommen werden. Öffentlich bedeutet, dass Personen die normalerweise lediglich Ihre Verfügbarkeit sehen, zusätzlich die Details dieses Termins einsehen können. Die Einstellung Privat bewirkt genau das Gegenteil, denn Sie stellt sicher, dass nur Kalendereigentümer den Termin sehen. Kalendereigentümer sind Nutzer, welche die Rechte haben Änderung an Terminen vorzunehmen oder die Freigabeeinstellungen des Kalenders verwalten dürfen.

### 2.2.1.1 *Gäste hinzufügen*

Mit der Einstellung Gäste hinzufügen (siehe Abbildung 2.15), können Sie weitere Personen zum Termin einladen. Dazu geben Sie deren E-Mail Adresse ein und klicken auf *„Hinzufügen"*. Sie können den Gästen die Rechte geben einen Termin zu bearbeiten, weitere Personen einzuladen und Einsicht in die Gästeliste zu nehmen. Diese eingeladenen Personen können lediglich die Termindetails einsehen, haben jedoch keine Rechte am Termin und dessen Details etwas zu ändern.

Haben Sie Gäste hinzugefügt und besitzen Sie ein GoogleApps (Domain) Konto, können Sie von der Funktion Zeitvorschläge profitieren. Der Kalender der Gäste wird mit Ihrem verglichen und beim Klick auf Zeitvorschläge, wird ein Fenster mit freien Zeitfenstern aller Kalender, der am Termin eingeladenen Personen, angezeigt (siehe Abbildung 2.15).

**Abbildung 2.15:** Gäste hinzufügen und Zeitvorschläge ansehen

Beim Speichern eines Termins mit Gästen, werden Sie gefragt, ob Sie eine Einladung an die Teilnehmenden versenden möchten (siehe Abbildung 2.16).

**Abbildung 2.16:** Einladung an Gäste versenden

## 2.2.1.2 Zeitpunkt finden

Wenn Sie Gäste hinzugefügt haben, welche Ihnen erlauben, deren Verfügbarkeit einzusehen, dann können Sie im Reiter „*Zeitpunkt finden*" sehen, ob ein Termin Terminkonflikte bei Ihren Gästen erzeugt oder nicht (siehe Abbildung 2.17). Im Beispiel sehen Sie, dass r.mueller@youmindit.ch am vorgeschlagen Termin (Blau schraffierte Fläche) hat nicht verfügbar ist. Zudem haben wir selber schon einen Termin bis 9 Uhr. Sie können den neuen Termin (blaue Fläche) mit der Maus nach unten schieben, so dass es beiden Teilnehmern möglich ist, den Termin wahrzunehmen (siehe Abbildung 2.18).

**Abbildung 2.17:** Termin mit Terminkonflikt bei Gästen

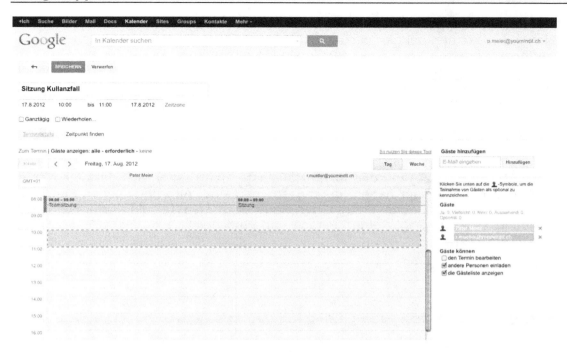

**Abbildung 2.18:** Termin auf Zeitpunkt verschieben ohne Terminkonflikt

### 2.2.1.3 Termineinladung erhalten

Werden Sie als Gast zu einem Termin hinzugefügt und wählt der Terminersteller die Option Einladung an Gäste verschicken, dann erhalten Sie eine Einladung zum Termin (siehe Abbildung 2.19).

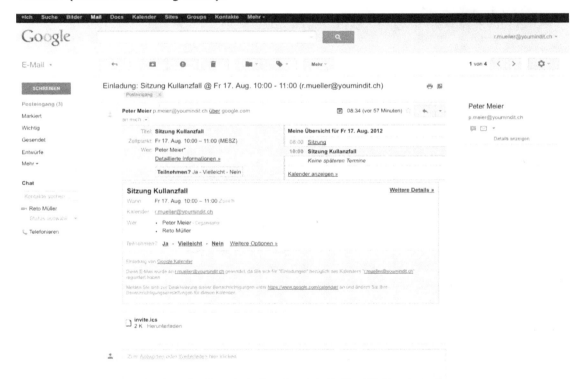

**Abbildung 2.19:** Termineinladung

Sie können bei der Teilnahme entscheiden, ob Sie Zusagen, vielleicht teilnehmen oder nicht teilnehmen können (siehe Abbildung 2.20). Die einladende Person und auch Sie, sofern Sie berechtigt wurden, sehen in den Termindetails, die

Antworten der Gäste. Das sehen Sie in Abbildung 2.20 auf der rechten Seite bei Gästen. Sie können bei „Ja" zusätzlich Gastpersonen, die Sie mitnehmen möchten, anbringen und eine Notiz Ihrer Rückmeldung hinzufügen. Diese Funktion ist sehr praktisch, denn die einladende Person hat dadurch die Übersicht über die Teilnahmeabsichten und kann dementsprechend eine passende Lokalität für den Termin festlegen z.B. ein kleineres oder ein grösseres Sitzungszimmer.

Sagt ein Gast ab, dann sehen Sie das in den Termindetails (siehe Abbildung 2.21). Sagt jemand ab, erscheint ein durchgestrichener runder Kreis. Eine Zusage wird mit einem abgehakt Hakensymbol gekennzeichnet. Klicken Sie auf den Termin (siehe Abbildung 2.22) mit der linken Maustaste, dann sehen Sie, dass die Namen der Gäste, die abgesagt haben, durchgestrichen sind. Alternativ sehen Sie das in der Kalenderansicht wenn Sie mit der Maus über dem Termin verharren (siehe Abbildung 2.23). Sagt eine Person ab erscheint ein Figur-Symbol das durchgestrichen ist ＊. Der Wecker der angezeigt wird, steht für die Erinnerung, die eingerichtet wurde ⏰ .

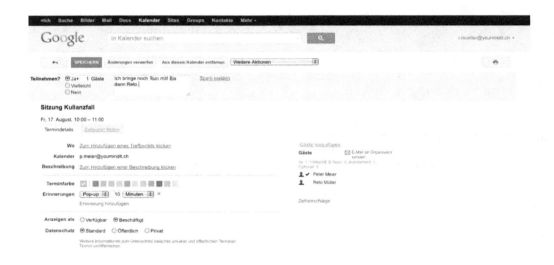

**Abbildung 2.20:** Teilnahmebestätigung senden

**Abbildung 2.21:** Teilnahmestatus Termindetailansicht

**Abbildung 2.22:** Dialog Teilnahmestatus Kalenderansicht

**Abbildung 2.23:** Teilnahmestatus Hauptansicht Maus auf Termin

### 2.2.1.4 Pop-Up-Erinnerung

Eine Pop-Up-Erinnerung erinnert Sie an einen Termin. Sie kann unter „Erinnerung" (siehe Abbildung 2.20) konfiguriert werden. Damit diese Erinnerung funktioniert, müssen Sie den Kalender im Browser geöffnet haben oder in einem E-Mail Client (z.B. Outlook, iCal) eingebunden sein, der an Termine ebenfalls mit einem Pop-Up erinnert. Die Pop-Up-Einstellung funktioniert, auch wenn Sie den Kalender auf einem Mobiltelefon eingerichtet haben.

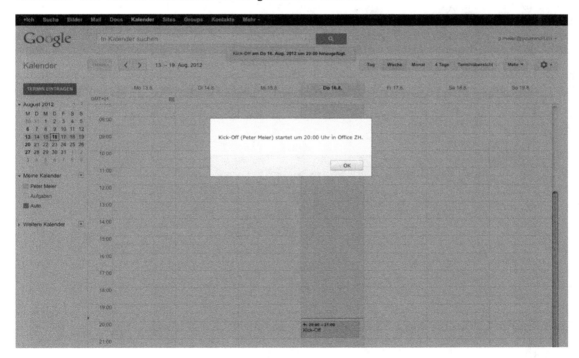

**Abbildung 2.24:** Pop-Up-Erinnerung

### 2.2.1.5 E-Mail Erinnerung

Konfigurieren Sie eine E-Mail-Erinnerung für einen Termin, dann sendet Ihnen der Kalender eine E-Mail. Im Gegensatz zu den Pop-Up Erinnerungen muss dafür der Kalender nicht im Browser geöffnet sein. Diese Funktion läuft im Hintergrund und es spielt keine Rolle, ob Sie mit Ihrem Google-Konto angemeldet sind oder nicht. Der Server sendet diese Mails auch wenn Sie den Browser geschlossen haben.

**Abbildung 2.25:** Erinnerungs-eMail

### 2.2.1.6 Ändern eines Termins

In der Kalenderansicht können Sie auf den Termin klicken und es erscheint ein kleines Fenster mit mehr Angaben zum Termin (siehe Abbildung 2.26). Ein Klick auf *„Termin bearbeiten"* führt Sie zur Detailansicht des Termins. Dort können Sie alle Einstellungen und Optionen, die Sie bei der Erstellung des Termins angegeben haben auch wieder bearbeiten (siehe Abschnitt 2.2.1).

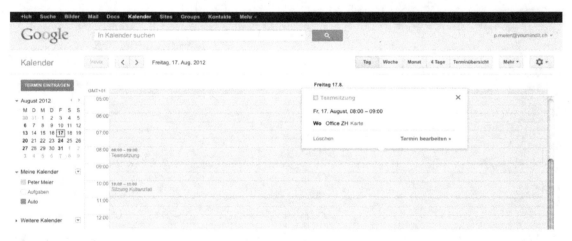

**Abbildung 2.26:** Termindialog aus der Hauptansicht

Sie können den Termin jedoch auch einfach mit der Maus auf einen anderen Tag verschieben, sofern Sie eine Mehrtagesansicht gewählt haben oder den Termin innerhalb des gleichen Tages verschieben. Klicken Sie auf den Termin und halten Sie die linke Maustaste gedrückt. Anschliessend verschieben Sie den Termin und lassen die linke Maustaste los, wenn der Termin an der richtigen Stelle im Kalender angekommen ist.

Verlängern und verkürzen können Sie ebenfalls mit der Maus, wenn Sie den unteren Rand des Termin ansteuern und auf das Symbol der zwei parallelen schwarzen Linien = mit der linken Maustaste klicken und dann den Termin verlängern oder verkürzen. Haben Sie die gewünschte Dauer, lassen Sie die linke Maustaste wieder los. Beim Verschieben bei gehaltener linker Maustaste erscheint ein Handsymbol mit ausgestrecktem Zeigefinger.

**Abbildung 2.27:** Termindaueränderungssymbol

### 2.2.1.7 Ändern eines wiederkehrenden Termins

Ändern Sie einen Termin, bei dem die Wiederholungsoption aktiv ist, werden Sie gefragt, welche Termine Sie genau ändern möchten. Der Dialog gibt Ihnen drei Möglichkeiten. Sie können nur den aktuellen Termin ändern, nur alle Folgenden aber nicht die schon Vergangenen oder alle Termine dieses spezifischen Termins, die mit der Wiederholungsoption erstellt wurden (siehe Abbildung 2.28).

**Abbildung 2.28:** Änderungsdialog eines wiederkehrenden Termins

### 2.2.1.8 Löschen eines Termins

Wenn Sie einen einfachen Termin ohne Gäste und ohne Wiederholung löschen möchten, dann klicken Sie mit der linken Maustaste auf den zu löschenden Termin und klicken auf den Hyperlink „Löschen" (siehe Abbildung 2.26). Der Termin wird ohne Rückfrage aus dem Kalender entfernt.

---

**Ein einfacher Termin wird mit dem Klick auf den Hyperlink ohne Rückfrage gelöscht!**

---

Falls Sie dies widerrufen möchten, können Sie auf den Hyperlink *„Rückgängig machen"* oben am Bildschirm Klicken (siehe Abbildung 2.29).

**Abbildung 2.29:** Rückgängig machen Hyperlink

> **Der Hyperlink „Rückgängig machen" verschwindet nach einer gewissen Zeit oder wenn Sie woanders hin klicken.**

### 2.2.1.9 Löschen eines wiederkehrenden Termins

Beim Löschen eines wiederkehrenden Termins werden Sie analog zur Änderung gefragt, welche Termine Sie löschen möchten. Sie können nur den aktuellen, nur die folgende (zukünftige) oder alle Termine des spezifischen Termins, der wiederholt wird, löschen (siehe Abbildung 2.30).

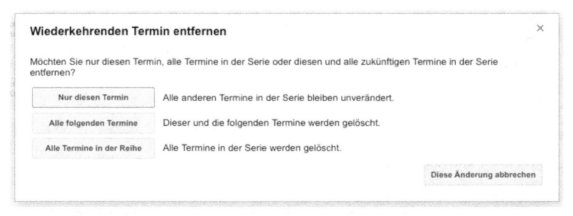

**Abbildung 2.30:** Löschenrückfragedialog eines wiederkehrenden Termins

### 2.2.1.10 Löschen eines Termins mit Gästen

Sie können in der Hauptansicht auf den Termin mit der linken Maustaste klicken und es erscheint ein Dialog mit Optionen zum Termin mit Gästen. Neben der Teilnameabsicht können Sie auf den *„Löschen"* Hyperlink klicken. Ein Rückfragedialog möchte wissen, ob Sie die Gäste benachrichtigen möchten oder nicht. Klicken Sie auf einen der entfernen Buttons, dann ist der Termin ohne *„Rückgägig machen"* Hyperlink weg. Lediglich die Meldung „Termin gelöscht" erscheint (siehe Abbildung 2.33).

> **Falls Sie den Rückfragedialog bestätigen, wird der Termin gelöscht. Es erscheint kein „Rückgängig machen" Hyperlink!**

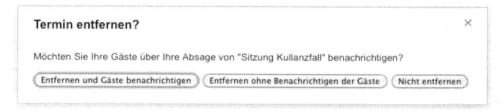

**Abbildung 2.31:** Rückfragedialog eines Termins mit Gästen

**Abbildung 2.32:** Termindialog in der Hauptansicht eines Termins mit Gästen

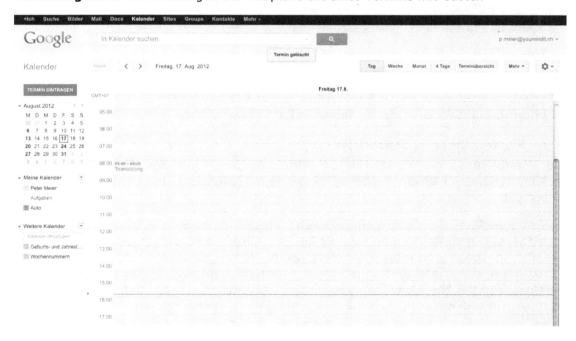

**Abbildung 2.33:** Termin gelöscht Meldung

### 2.2.1.11 Änderung Teilnahmeabsicht

Sie können die Teilnahmeabsicht ändern, indem Sie in der Kalenderansicht mit der linken Maustaste auf den Termin klicken. Ihre Antwort erscheint in schwarzer Schrift und die anderen Optionen verbleiben als blaue Hyperlinks. Klicken Sie auf einen solchen, wird Ihre neue Teilnahmeabsicht aktualisiert.

**Abbildung 2.34:** Änderung Teilnahmeabsicht Übersicht

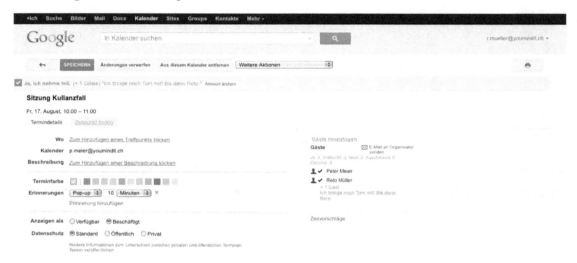

**Abbildung 2.35:** Änderung eines Termin in der Detailansicht

## 2.3 Einstellungen (Zahnradsymbol)

Der Menüeintrag der Einstellungen öffnet die Seite mit den Einstellungen zum Kalender. Diese werden weiter in Allgemein, Kalender, Handy und GoogleLabs unterteilt.

Die Allgemeinen Einstellungen enthalten Einstellungen wie z.B. die Sprache des Kalenders. Der Reiter[2] Kalender enthält Einstellungen zu verschiedenen Kalendern, die Sie in Ihren integrieren können. Beim Reiter Einstellungen können mobile Funktionen des Kalenders eingestellt werden. Schliesslich können unter dem Reiter GoogleLabs Einstellungen zu Funktionen aus dem Google Lab vorgenommen werden. Zuerst werden die Allgemeinen Einstellungen näher erläutert.

---

[2] Reiter dienen der Gliederung von Seiten in unterschiedliche Bereiche (siehe Abbildung 2.38).

### 2.3.1 Allgemeine Einstellungen

Die ersten Einstellungen im Allgemeinen Teil stellen die Sprache, das Land und die Zeitzone dar.

Wenn Sie eine zusätzliche Zeitzone hinzufügen, dann wird diese auf der linken Seite des Kalenders bei der Zeit angezeigt (siehe Abbildung 2.37). Somit können Sie einfach sehen, welche Zeit dieser Termin in einer anderen Zeitzone hat. Dazu klicken Sie auf den Hyperlink *„Zusätzliche Zeitzone anzeigen"* (siehe Abbildung 2.38) und der Dialog in der Abbildung 2.36 erscheint. Aktivieren Sie das Kontrollkästchen *„Alle Zeitzonen anzeigen"* erscheinen alle wählbaren Zeitzonen im Dropdown-Menü für die Zeitzonen. Beim Formularfeld Label können Sie der Zeitzone eine Beschriftung geben, welche als Kolonnenbeschriftung über der Zeitspalte in der Kalenderansicht angezeigt wird. Wenn Sie die Zeitzone beschriftet haben, klicken Sie auf den Button *„Speichern"*, um die Änderung zu sichern.

Eine Zeitzone kann mit einem Klick auf den Hyperlink *„Entfernen"* entfernt werden. Die Reihenfolge kann mit einem Klick auf den Hyperlink *„Wechseln"* geändert werden.

**Abbildung 2.36:** Zusätzliche Zeitzone einstellen

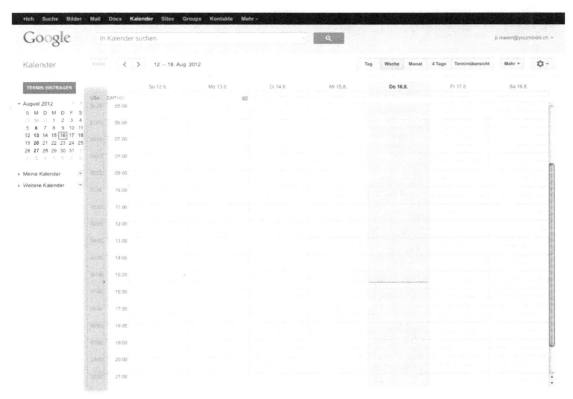

**Abbildung 2.37:** Zusätzliche Zeitzone USA

**Abbildung 2.38:** Allgemeine Einstellungen

Kehren Sie zurück zu den Kalender-Einstellungen (Zahnradsymbol / Einstellungen). Die Einstellung Datum lässt Sie zwischen den Darstellungen Monat.Tag.Jahr, Tag.Monat.Jahr und Jahr-Monat-Tag auswählen.

Beim Zeitformat können Sie angeben ob Sie 12h mit AM und PM Angaben oder eine 24h Darstellung wünschen.

Die Einstellung Standardlänge der Besprechung wird als Dauer verwendet, wenn Sie einen neuen Termin erstellen. Die Option Schnelle Besprechung bietet als Zusatzeigenschaft an, dass bei 30 Minuten-Besprechungen 5 Reserve einberechnet werden. Bei 60 Minuten-Besprechungen wird diese Reserve auf 10 Minuten verdoppelt.

Bei der Einstellung *„Woche beginnt am"* können Sie wählen, ob Ihre Woche am Samstag, Sonntag oder Montag beginnen soll.

Arbeitszeit dient als Einstellung um andere zu warnen, wenn Sie einen Termin ausserhalb Ihrer Arbeitszeiten festlegen. Diese Option kann insbesondere bei Teilzeitstellen von grossem Nutzen sein.

Termine abgeschwächt anzeigen hilft der Übersichtlichkeit, indem Termine, die in der Vergangenheit liegen, abgeschwächt dargestellt werden. Des Weiteren kann ausgewählt werden, ob wiederkehrende Termine ebenfalls weniger kontrastreich dargestellt werden sollen. Dies kann der Übersichtlichkeit eines Kalenders mit vielen wiederkehrenden Terminen dienen.

Die Option Wochenende anzeigen lässt sich auswählen, ob Sie Wochenende sehen möchten oder nicht. Insbesondere bei Geschäftskalender kann diese Option mehr Platz in der Darstellung eines Kalenders schaffen, wenn nur die Arbeitstage ohne die Wochenende angezeigt werden. Für private Kalender werden in den meisten Fällen, auch die Tage des Wochenendes angezeigt werden.

Mit der Standardansicht lässt sich auswählen, welche der Ansichten Sie als Standard nach dem Anmelden vorfinden möchten. Es sind die gleichen Ansichten wie Ihnen in der Kalenderansicht als Steuerfelder oben rechts angezeigt werden.

Falls diese nicht ausreichen, können Sie in der Einstellungsoption Benutzerdefinierte Ansicht festlegen, welche Anzahl Tage / Wochen Sie bevorzugt als Standardansicht sehen möchten.

Unter Standort können Sie Ihren Standort einstellen. Diese Angabe wird für die nachfolgenden Einstellungen verwendet.

Standortabhängige Wettermeldungen gibt Ihnen Wettermeldungen abhängig vom oben angegeben Standort an. Diese werden bei den einzelnen Tagesspalten oben angezeigt (siehe Abbildung 2.39). Ein Klick auf das Wettersymbol zeigt eine detaillierte Wettervorschau an. Diese ist in Abbildung 2.40 dargestellt.

**Abbildung 2.39:** Standortabhängige Wettermeldung

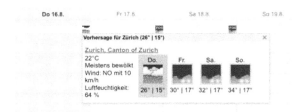

**Abbildung 2.40:** Wetterdetails

Die Option von mir abgelehnte Termine anzeigen (siehe Abbildung 2.38) lässt Sie entscheiden, ob Sie auch abgelehnte Termine anzeigen möchten oder nicht.

Automatischer Einladungen hinzufügen lässt Sie genauer auswählen, ob Sie dieses Kalenderverhalten wünschen. Die zwei Einstellungen zu Ja unterscheiden sich hinsichtlich der Terminerinnerungen. Bei der 2. Ja-Option, werden Ihnen keine Erinnerungsmails zugestellt, sofern Sie nicht mit Ja oder Vielleicht auf die

Einladung reagiert haben. Bei Nein werden die automatischen Einladungen nicht aufgenommen, ausser Sie haben auf die Einladung geantwortet.

> **Beachten Sie, dass bei der Nein-Option die Termine nur für Sie nicht angezeigt werden. Geben Sie den Kalender für andere frei sehen diese weiterhin alle Termine.**

Bei alternativen Kalendern können Sie arabische, islamische und chinesische Kalendervarianten auswählen.

Tastenkürzel aktivieren lässt Sie entscheiden, ob Sie von der einfacheren Bedienung durch Tastenkürzel z.B. D[3] für Tagesansicht profitieren möchten oder nicht.

### 2.3.2 Kalender

Der Reiter Kalender dient zur Verwaltung von mehreren Kalendern. Dies kann nützlich sein, wenn Sie einen Kalender z.B. für ein Sitzungszimmer einrichten und diesen für andere freigeben möchten.

### 2.3.2.1 Kalender erstellen

Mit dem Button **Neuen Kalender einrichten** im Reiter Kalender können Sie einen zusätzlichen Kalender erstellen. Eine bestimmte Ressource kann geteilt werden z.B. Firmenauto. Der Kalendername wird mit Auto angegeben und eine Beschreibung hinzugefügt. Gleichzeitig ist es sinnvoll diesen für Mitarbeiter der Unternehmung freizugeben.

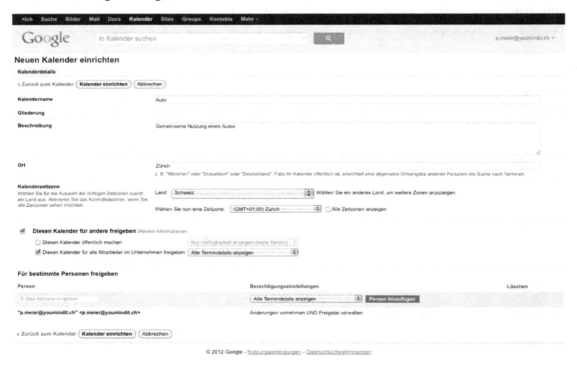

**Abbildung 2.41:** Neuen Kalender einrichten

---

[3] Stammt von Day, engl. Tag

**Abbildung 2.42:** Kalenderliste

Die Checkbox „In Liste anzeigen" bewirkt, dass der Kalender in der Hauptansicht unter „Meine Kalender" sichtbar ist (siehe Abbildung 2.43).

**Abbildung 2.43:** Auto in Meine Kalender

Wie Sie einen neuen Termin für diesen Autokalender erstellen, können Sie im Abschnitt 2.2.1 oder im Praxisbeispiel in Abschnitt 2.6 lesen.

### 2.3.2.2  Weitere Kalender hinzufügen

In der Kalenderansicht können Sie auf der linken Seite „Weiter Kalender" sehen. Möchten Sie einen Kalender einer Person mit einem GoogleKalender-Account hinzufügen, dann können Sie dort seine E-Mail-Adresse eingeben und der Kalender wird hinzugefügt (siehe Abbildung 2.44). Die Termine dieser Person erscheinen nun auch in Ihrem Kalender (siehe Abbildung 2.45).

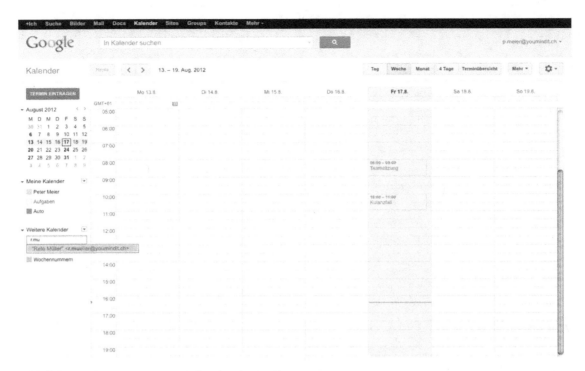

**Abbildung 2.44:** Weitere Kalender hinzufügen

**Abbildung 2.45:** Termine anderer Personen werden angezeigt

Wenn Sie auf das Symbol ⯆ klicken, dann erscheinen verschiedene Optionen, um weitere Kalender hinzuzufügen. Klicken Sie auf hinzufügen, werden Sie nach der E-Mail-Adresse der Person, dessen Kalender Sie hinzufügen wollen, gefragt (siehe Abbildung 2.47). Über URL hinzufügen öffnet sich einen Dialog, bei dem Sie eine URL eines Kalenders angeben können (siehe Abbildung 2.48). Bei der Option Kalender importieren wird direkt ein Dialog geöffnet, bei dem Sie das File angeben können, das importiert werden soll. Zudem können Sie auswählen in welchen Kalender Sie importieren möchten (siehe Abbildung 2.49). Klicken Sie auf Einstellungen, gelangen Sie zum Dialog der Kalenderverwaltung, welcher auch unter dem Zahnradlogo im Menüeintrag Einstellungen zu finden ist (siehe Abbildung 2.42). Die Funktionen über URL hinzufügen und Kalender importieren wurden schon in eigenständigen Abschnitten dieses Kapitels behandelt (siehe Abschnitt 2.3.2.1).

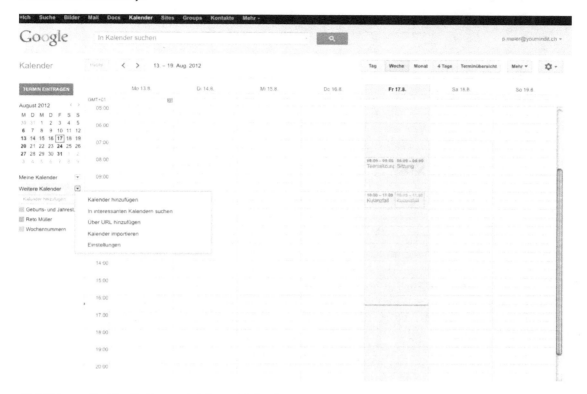

**Abbildung 2.46:** Optionen Weitere Kalender

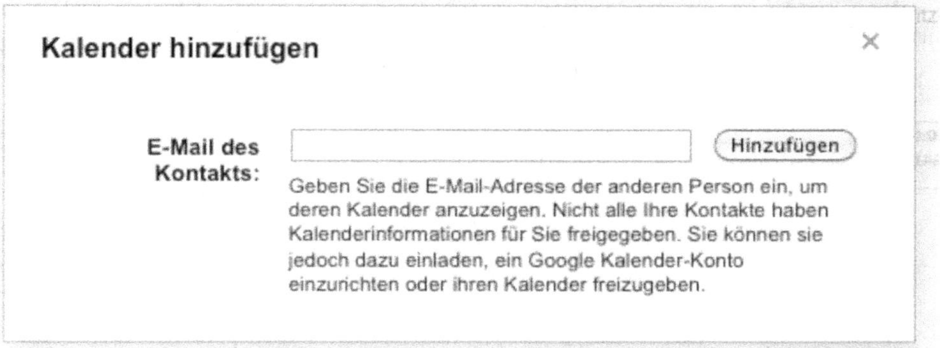

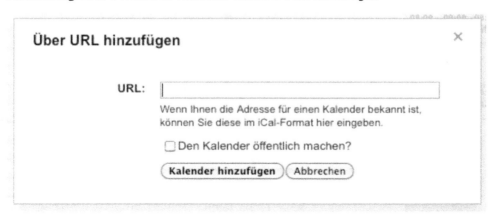

**Abbildung 2.47:** Weiteren Kalender durch E-Mail hinzufügen

**Abbildung 2.48:** Kalender über URL einfügen

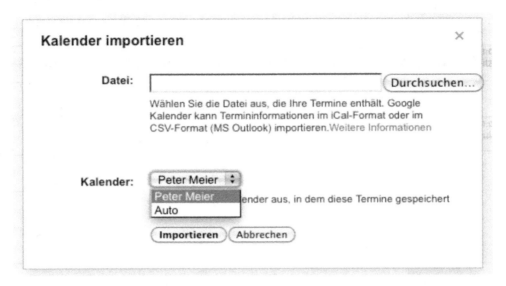

**Abbildung 2.49:** Kalender importieren

### 2.3.2.3 Weitere Kalender wieder löschen
Möchten Sie einen weiteren Kalender wieder löschen, dann müssen Sie das bei Einstellungen machen. Dort gibt es einen Abschnitt weitere Kalender unten auf der Einstellungen-Kalender-Seite, wo sich ein Hyperlink „Kalender kündigen" befinden (siehe Abbildung 2.42).

### 2.3.2.4 Kalenderliste / Weitere Kalender
Die Abbildung 2.42 zeigt alle Kalender an. Wie ein Kalender erstellt wird, wurde in 2.3.2.1 gezeigt. Durch einen Klick auf den Hyperlink „In interessanten Kalendern suchen" kommen Sie zu einer Liste von Kalendern, die Google erstellt hat. Darunter sind z.B. die Feiertage verschiedener Ländern, Sportarten oder unter „Weitere" auch Mondphasen, Wochennummern /-tage und die Geburtstage Ihrer Kontakte. Sie können mit dem „Vorschau"-Hyperlink diese Termine einsehen oder mit dem Hyperlink „Abonnieren" den entsprechenden Feiertagkalender zu Ihrer Kalenderansicht hinzufügen (siehe Abbildung 2.50).

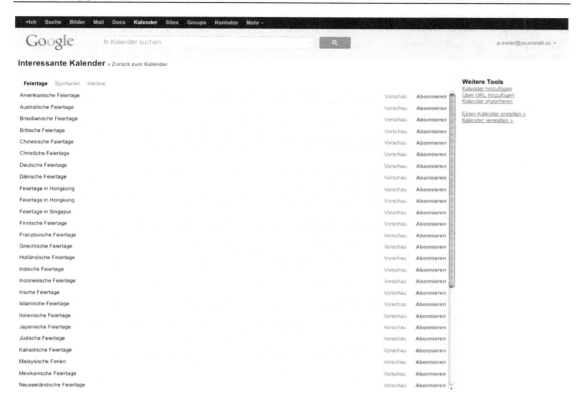

**Abbildung 2.50:** Googles interessante Kalender

Auf der rechten Seite unter „*Weitere Tools*" können Sie Kalender von Mitarbeitern durch Eingabe der entsprechenden E-Mail hinzufügen. Bei „*Über URL hinzufügen*" müssen Sie die URL eines Kalenders angeben (siehe Abschnitt 2.3.2.10). Es ist ebenfalls ein Link zum importieren vorhanden (siehe 2.3.2.5) und zum Erstellen / Verwalten von Kalendern.

### 2.3.2.5 Kalender importieren

Sie können einen Kalender aus einem CSV-File (Microsoft Outlook) oder einem iCal-Format in Ihren GoogleKalender importieren (siehe Abbildung 2.42). Dazu müssen Sie lediglich auf den Hyperlink Kalender importieren klicken und anschliessend das CSV File auswählen sowie bei Kalender den Kalender auswählen (siehe Abbildung 2.51), in den Sie die Termine importieren möchten (siehe Abbildung 2.52).

Möchten Sie den Kalender nicht importieren, sondern lediglich mittels Outlook auf ihren GoogleKalender zugreifen, so können Sie ihren Kalender mit GoogleApps Sync™ GoogleKalender mit Microsoft Outlook® synchronisieren (siehe Abschnitt 3).

**Abbildung 2.51:** CSV File Import (CSV-Fileauswahl)

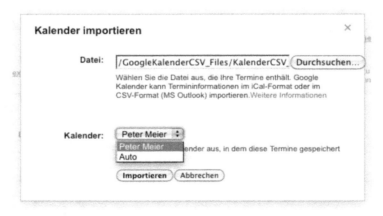

**Abbildung 2.52:** Import Kalender Auswahl

### 2.3.2.6 Kalender exportieren

Sie können ihren Kalender exportieren indem Sie auf den Hyperlink „Kalender exportieren" klicken und das Zip File auf Ihrem Rechner speichern. Dieses können Sie z.B. mit einem USB-Stick auf einen anderen Rechner transferieren und dort in einen anderen Google Kalender wieder importieren.

### 2.3.2.7 Kalender kündigen

Wenn Sie einen Kalender kündigen, dann werden die Termine von diesem Kalender in Ihrem Kalender nicht mehr angezeigt. Andere Personen können diesen jedoch weiterhin sehen und benutzen. Zudem können Sie diesen Kalender wieder „abonnieren" und sehen ihn wieder, falls Sie dies später einmal wieder wünschen sollten. Im Gegensatz dazu steht das Löschen des Kalenders.

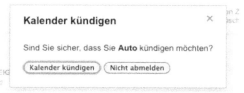

**Abbildung 2.53:** Kalender kündigen

### 2.3.2.8 Löschen eines Kalenders

Klicken Sie auf den Hyperlink „Löschen", dann erscheint ein Dialog der Sie sicherheitshalber nochmals fragt, was Sie genau tun möchten. Ihnen werden auch die Personen die am Kalender beteiligt sind nochmals angezeigt. Wenn Sie sich fürs Löschen entscheiden, müssen Sie die Checkbox anklicken, um das Löschen des Kalenders zu bestätigen. Ein Klick auf (Für alle löschen) löscht alle Daten. Falls Sie abbrechen möchten, klicken Sie auf (Nicht löschen) oder auf ✕ im Kalender-löschen-Dialog.

### 2.3.2.9 Freigabe

Unter Freigabe können Sie auswählen, ob Sie einen Kalender für die Öffentlichkeit, für Mitarbeiter der gleichen Unternehmung oder Beide freigeben

**Abbildung 2.54:** Kalender-löschen-Dialog

möchten. Zusätzlich können Sie einstellen, ob alle Termindetails oder lediglich Ihre Verfügbarkeit freigegeben werden soll. Wird nur die Verfügbarkeit freigegeben, sehen die Personen lediglich Ihre Verfügbarkeit aber keine weiteren Details wie die Gästeliste, Ort oder Beschreibung des Termins.

---

**Achtung, wenn Sie den Terminkalender öffentlich machen, sind alle Details im Internet sichtbar.**

---

Möchten Sie nur bestimmten Personen Einblick in Ihren Kalender geben, können Sie dies tun indem Sie deren E-Mail eingeben und die Berechtigungseinstellung auswählen. Sie können verschiedene Berechtigungen auswählen. „Änderungen vornehmen UND Freigabe verwalten" lässt zu, dass die Person Änderungen an Ihrem Kalender machen und zusätzlich die Freigabeeinstellungen verändern kann. „Termine ändern" lässt die Person lediglich Termine verändern, aber sie kann die Freigabeeinstellungen nicht verändern. Die Einstellung „Alle Termindetails anzeigen" Zeigt neben der Verfügbarkeit auch Einzelheiten (z.B. Beschreibung) zum Termin an. Möchten Sie dass lediglich Ihre Verfügbarkeit angezeigt wird, dann wählen Sie die Einstellung „Nur Verfügbarkeit anzeigen (keine Details)".

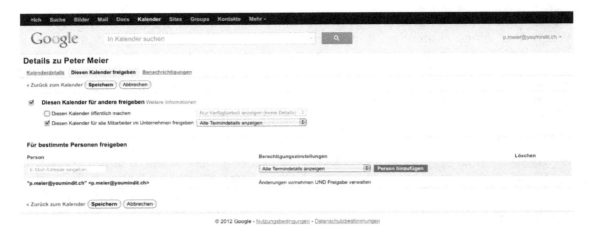

**Abbildung 2.55:** Einstellungen zur Freigabe eines Kalenders

### 2.3.2.10 Kalenderdetails

Im Reiter Kalenderdetails können freigaberelevante Details eingestellte werden. Sie können den Namen neu vergeben, eine Beschreibung hinzufügen, den Ort festlegen und eine Zeitzone für den Kalender wählen.

Möchten Sie den Kalender in eine Webseite einbinden steht der Source-Code dazu ebenfalls rechts vom Kalendersymbol zur Verfügung.

**Abbildung 2.56:** Freigabe Kalenderdetails

Die Kalenderadresse wird in drei Formaten angeboten. Als XML, iCAL oder HTML. Für die XML-Option und die iCAL-Option müssen Sie den Kalender öffentlich freigeben. Möchten Sie anderen einfach über einen Webbrowser Einsicht ermöglichen, dann ist die HTML-Option die richtige. In den meisten Fällen wird die HTML-Option verwendet. Diese ist in Abbildung 2.57 dargestellt. XML und iCAL werden für Datenaustausch verwendet. Das iCAL-Format wird z.B. für Apple's iCalender verwendet. XML kann z.B. für einen RSS-Feed verwendet werden.

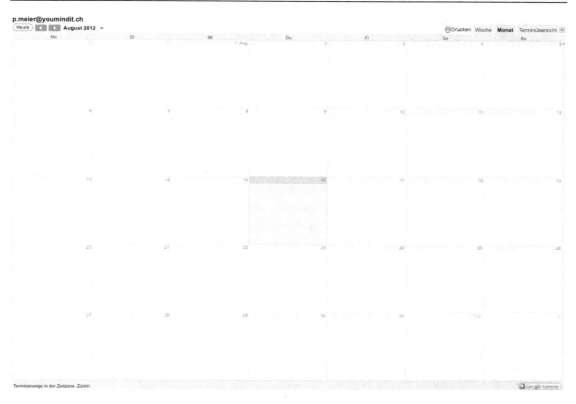

**Abbildung 2.57:** Kalenderadresse HTML

### 2.3.2.11 Benachrichtigungen

Mit dem Reiter Benachrichtigungen können Sie Einstellungen zum Benachrichtigungsverhalten des Kalenders vornehmen. Sie können einstellen ob Sie per Pop-up oder E-Mail vor jedem Termin benachrichtigt werden sollen. Zusätzlich können Sie die Standardzeit in Minuten angeben, welche für jeden Termin für die Benachrichtigung eingestellt wird. Diese Einstellungen werden beim Erstellen von Terminen verwendet, Sie können diese jedoch beim Erstellen, falls nötig, ändern.

Bei der Art der Benachrichtigung können Sie zwischen E-Mail und SMS Benachrichtigung auswählen. Sie können Benachrichtigungen über neue, geänderte und abgesagte Termine erhalten. Zudem können sie Benachrichtigungen zu Antworten auf Termine von Gästen die Sie eingeladen haben erhalten. Als letzte Option können Sie eine Benachrichtigung über tägliche Termine als Terminübersicht erhalten. Diese wird nur als E-Mail angeboten, weil diese für SMS meistens zu lang werden würde.

Auf der Seite Benachrichtigung hat es einen Hyperlink zu den Handy-Einstellungen. Diese können Sie auch über den Reiter Handy-Einrichten erreichen.

**Abbildung 2.58:** Benachrichtigungseinstellungen

### 2.3.2.12 Handy-Einrichtung

Mit der Handy-Einrichtung können Sie den GoogleKalender so einrichten, dass er Sie per SMS an Termine erinnert und über deren Statusänderungen auf dem Laufenden hält (siehe Abschnitt 2.3.2.11).

Dazu müssen Sie Ihre Mobilfunknummer angeben und auf den Button ( Bestätigungscode senden ) klicken. Sie erhalten per SMS einen Verifizierungscode, den Sie beim Formularfeld Sicherheitscode eingeben müssen und anschliessend auf ( Einrichtung fertigstellen ) klicken.

**Abbildung 2.59:** Handy-Einrichtung

Anschliessend werden Sie zu den Benachrichtigungseinstellungen geleitet (vgl. Abschnitt 2.3.2.11) und wenn Sie diese speichern (siehe Abbildung 2.58), kehren Sie zum Handy-Einrichtungs-Reiter zurück und sehen, dass der Status auf bestätigt geändert hat (siehe Abbildung 2.60).

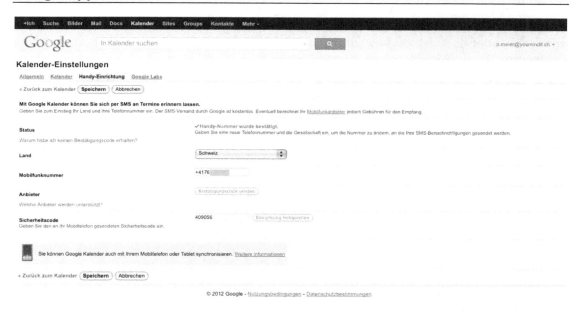

**Abbildung 2.60:** Handy-Einrichtung Status bestätigt

### 2.3.2.13 GoogleLabs

Im Reiter GoogleLabs können Sie von den letzten Neuerungen aus den Google Entwickler Laboratorien profitieren. Diese Funktionen werden noch nicht offiziell als Standard angeboten.

**Sie müssen sich jedoch bewusst sein, dass diese Funktionen ändern, gelöscht werden oder fehlerhaft sein können!**

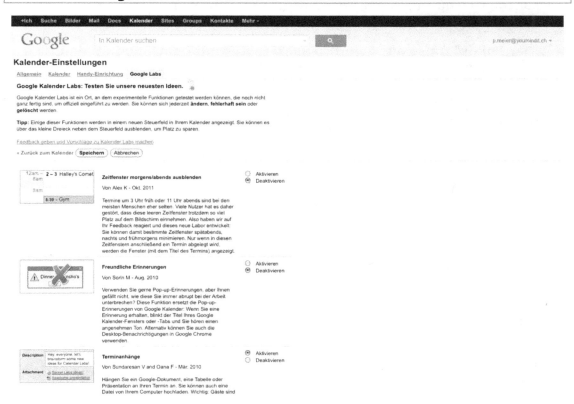

**Abbildung 2.61:** GoogleLabs Einstellungen

Weil diese Funktionen nicht Standard sind, wird nicht weiter auf diese eingegangen, sondern am Beispiel der Randzeiten-Ausblendung ein grafisches

Beispiel gegeben. Aktiviert man die GoogleLabs Funktion Randzeiten morgens/abends ausblenden, dann wird der Kalender kürzer und passt auf eine Bildschirmlänge ohne scrollen zu müssen.

## 2.4 Tastenkürzel

Tastenkürzel können die Arbeit mit GoogleKalender beschleunigen, da Funktionen über die Tastatur und nicht mit der Maus aufgerufen werden können. Das spart Zeit, denn bis man mit der Maus von der aktuellen Position bis zum Symbol oder Menü der Funktion gelangt ist, hat man mit einem Tastenkürzel die Funktion längst aufgerufen. Möchten Sie z.B. eine Aktion Rückgängig machen, dann können Sie durch drücken und festhalten von Ctrl und Z die soeben gemachte Aktion rückgängig machen. Möchten Sie andererseits zur Tagesansicht wechseln, dann können Sie L bzw. D drücken und Sie sehen den Kalender, mit den darin enthaltenen Terminen, in der Tagesansicht. Die Einstellungen als letztes Beispiel sind ebenfalls bequem durch Drücken der Taste S erreichbar.

> **Der Fokus[4] muss auf dem Browserfenster mit dem GoogleKalender liegen, sonst funktionieren die Tastenkürzel nicht.**

### 2.4.1 Tastaturreferenz für Kalender

| Tastenkombination | Definition | Aktion |
|---|---|---|
| Strg+? /Cmd+? bzw. ? | Tastenkombinationsmenü | Ruft ein Menü mit den Tastenkombinationen auf. |
| C | Termin einrichten | Mit dieser Option können Sie einen neuen Termin einrichten. |
| / | Suchen | Der Cursor wird im Suchfeld platziert. |
| Ctrl+Z/Cmd+Z bzw. Z | Rückgängig machen | Letzte Aktion rückgängig machen (falls möglich) |
| K bzw. P | Voriger Datumsbereich | In der Kalenderanzeige wird der vorige Datumsbereich angezeigt. |
| J bzw. N | Nächster Datumsbereich | In der Kalenderanzeige wird der nächste Datumsbereich angezeigt. |
| T | Gehe zu "Heute" | Geht zum heutigen Tag. |
| 1 bzw. D | Tagesansicht | Zeigt den Kalender in der Tagesansicht an. |

---

[4] Grundsätzlich bekommt ein Fenster in den Fokus, wenn Sie mit der Maus einen Linksklick in dieses machen. Optisch können Sie den Fokus daran erkennen, dass er auf dem Fenster liegt, welches zuvorderst angezeigt wird.

| 2 bzw. **W** | Wochenansicht | Zeigt den Kalender in der Wochenansicht an. |
| 3 bzw. **M** | Monatsansicht | Zeigt den Kalender in der Monatsansicht an. |
| 4 bzw. **X** | Benutzerdefinierte Ansicht | Zeigt den Kalender in der benutzerdefinierten Ansicht an. |
| 5 bzw. **A** | "Terminübersichtsansicht" | Zeigt den Kalender in der Terminübersichtsansicht an. |
| **Q** | Schnelleintrag | Ruft die Funktion "Schnelleintrag" auf. |
| **R** | Aktualisieren | Aktualisiert Ihren Kalender |
| **S** | Einstellungen | Ruft die Einstellungsseite von Ihrem Google Kalender auf. |

### 2.4.2 Tastaturreferenz für Termine

| Tastenkombination | Definition | Aktion |
|---|---|---|
| **Eingabe** | Maximieren | Maximiert einen minimierten Bereich. |
| **Rücktaste** bzw. **Löschen** | Löschen | Der Termin wird gelöscht |
| **Tabulatortaste** | Nächstes Feld | Der Cursor wird ins nächste Feld platziert. |
| **Alt + S** | Speichern | Der Termin wird gespeichert. |
| **G,** dann **Y** | Antwort auf Termin | Teilnehmen? Ja |
| **G,** dann **N** | Antwort auf Termin | Teilnehmen? Nein |
| **G,** dann **M** | Antwort auf Termin | Teilnehmen? Vielleicht |

## 2.5 Aufgaben Verwalten

Nebst Terminen können mit dem GoogleKalender auch Aufgaben verwaltet werden. Im Gegensatz zu Terminen haben Aufgaben lediglich ein Datum aber keine Zeitangabe. Dafür können die Aufgaben als erledigt markiert werden.

Damit Sie die Aufgabenlisten sehen können, klicken Sie bei *„Meine Kalender"* auf Aufgaben. Auf der rechten Seite erscheint eine Spalte *„Aufgaben"*. Als Standardliste ist eine Liste mit Ihrem Namen in diesem Fall p.meier zu sehen (siehe Abbildung 2.62).

**Abbildung 2.62:** Aufgaben anzeigen

## 2.5.1 Aufgabe Hinzufügen

Das Pluszeichen + wird verwendet, um eine neue Aufgabe zu erstellen. Sie können der Aufgabe einen Namen geben (siehe Tabelle 2.4). Klicken Sie auf den Pfeil nach Rechts, um zu den Details der Aufgabe zu kommen. Dort können Sie ein Fälligkeitsdatum angeben und eine Notiz zur Aufgabe anbringen.

**Tabelle 2.4:** Aufgabe erstellen

Mit den Tastaturpfeilen nach Oben und nach Unten können Sie in den Aufgaben navigieren.

### 2.5.2 Löschen einer Aufgabe

Navigieren Sie mit den Pfeiltasten zu einer Aufgabe oder klicken Sie auf den Namen einer Aufgabe, um diese auszuwählen. Klicken Sie nicht in das Kästchen, da Sie sonst die Aufgabe als erledigt markieren. Die markierte Aufgabe sollte gelb hinterlegt erscheinen und Sie können durch einen Klick auf das Abfalleimer-Symbol 🗑 die Aufgabe löschen. Eine Meldung erscheint, dass die Aufgabe gelöscht wurde. Falls Sie das Löschen rückgängig machen möchten, klicken Sie auf den Hyperlink in der Meldung (siehe Abbildung 2.63).

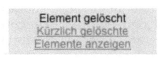

Sie können durch klicken auf das Pfeillinks-Symbol ↰ das Löschen der Aufgabe widerrufen (siehe Abbildung 2.64).

**Abbildung 2.63:** Meldung Aufgabe gelöscht

### 2.5.3 Aufgabe als erledigt markieren

Klicken Sie auf die Checkbox vor der Aufgabe, dann erscheint ein Haken und der Name der Aufgabe wird durchgestrichen und zusätzlich ausgegraut (siehe **Abbildung 2.65**). Stellen Sie fest, dass die Aufgabe wieder auf die Liste für eine Nachbearbeitung kommen soll, dann können Sie das Häkchen mit einem Linken Mausklick wieder entfernen und die Aufgabe erscheint wieder auf Ihrer Aufgabenliste.

**Abbildung 2.64:** Gelöschte Aufgaben

### 2.5.4 Aktionen

Bei den Aufgaben gibt es unter dem Menü „Aktionen" Funktionen, welche Ihnen helfen, Ihre Aufgaben zu verwalten. Auf diese wird in den folgenden Abschnitten näher eingegangen.

#### 2.5.4.1 Einrücken

Unter den Aufgaben ist ein Hyperlink Aktionen (siehe Abbildung 2.66). Diese Aktionen dienen zur Strukturierung und Verwaltung Ihrer Aufgaben. Die ersten Einträge dienen zur Einrückung Ihrer Aufgaben. So können Sie eine Hauptaufgabe erstellen und mit Einrückung Unteraufgaben hinzufügen. Das hat den Vorteil, dass Sie die einzelnen Unteraufgaben eine um die andere als erledigt markieren können oder auch durch ein Klick auf erledigen der Hauptaufgabe alle Unteraufgaben auch als erledigt markieren können (siehe Abbildung 2.67).

**Abbildung 2.65:** Aufgabe als erledigt markieren

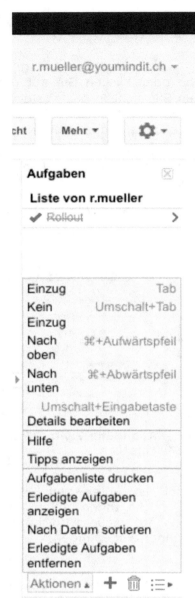

## 2.5.4.2 Verschieben (horizontal)

Weiter können Sie Aufgaben nach Oben oder Unten in der Liste verschieben. Falls Sie die Aufgabe in eine andere Liste verschieben möchten, dann müssen Sie zu den Aufgabendetails wechseln und anschliessend *„in Liste verschieben"* auswählen.

## 2.5.4.3 Details bearbeiten

Klicken Sie auf diesen Menüeintrag gelangen Sie, wie beim Klick auf den Pfeil nach Rechts bei der Aufgabe, zu deren Details (Fälligkeitsdatum, Notiz).

## 2.5.4.4 Hilfe / Tipps anzeigen

Klicken Sie auf Hilfe, gelangen Sie zur Google Hilfe, die Ihnen mit Informationen zur Aufgabenverwaltung zur Seite steht. Die Funktion Tipps anzeigen kann ausgewählt werden, damit in einem Dialogfenster in den Aufgaben jeweils nützliche Hinweise zum Arbeiten mit den Aufgaben angezeigt werden (siehe Abbildung 2.68).

**Abbildung 2.66:** Aktionen Dialog

**Abbildung 2.67:** Einrücken von Aufgaben (Hauptaufgabe / Teilaufgabe)

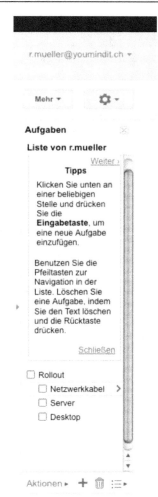

**Abbildung 2.68:** Tipps anzeigen

### 2.5.4.5 Aufgabenliste drucken

Die Funktion Aufgabenliste drucken wird zum Drucken von Aufgabenlisten verwendet. GoogleKalender erstellt aus einer Aufgabenliste eine HTML-Seite (siehe Abbildung 2.69) und ruft den Dialog des Druckers zum Ausdrucken auf.

### 2.5.4.6 Erledigte Aufgaben anzeigen

Die Funktion erledigte Aufgaben anzeigen, ruft eine Liste der abgearbeiteten Aufgaben auf. Wenn Sie eine Aufgabe erledigen und dies mit Klicken in die Checkbox links vom Aufgabennamen bestätigen, dann wird diese Aufgabe durchgestrichen und ausgegraut dargestellt. Möchten Sie eine Aufstellung dieser erledigten Aufgaben haben, verwenden Sie die „erledigte Aufgaben anzeigen" Funktion aus dem Menü Aktionen.

### 2.5.4.7 Erledigte Aufgaben entfernen

Wenn Sie diese Funktion unter Aktionen anklicken, dann werden alle abgehakten (erledigte) Aufgaben aus der Aufgabenliste entfernt (siehe Tabelle 2.5).

**Abbildung 2.69:** Drucken von Ausgabenlisten (HTML-Seite)

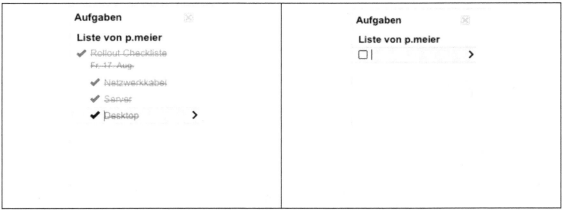

**Tabelle 2.5:** Erledigte Aufgaben entfernen

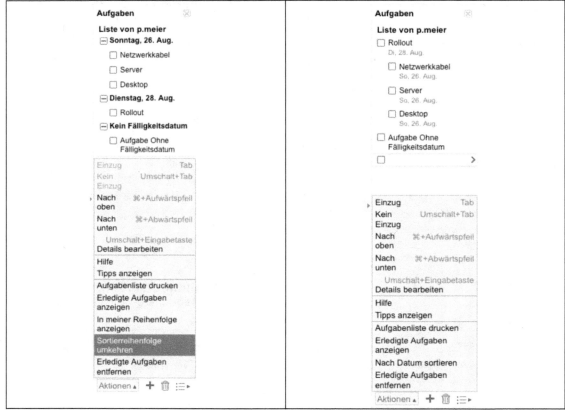

**Aufgaben**

**Liste von p.meier**
⊟ **Sonntag, 26. Aug.**

☐ Netzwerkkabel

☐ Server

☐ Desktop

⊟ **Dienstag, 28. Aug.**

☐ Rollout

⊟ **Kein Fälligkeitsdatum**

☐ Aufgabe Ohne
  Fälligkeitsdatum

**Abbildung 2.70:** Nach Datum
(Fälligkeitsdatum) sortieren

### 2.5.4.8 Nach Datum Sortieren

Diese Funktion sortiert die Aufgaben in der Aufgabenliste nach Ihrem Fälligkeitsdatum (siehe Abbildung 2.70).

### 2.5.4.9 Sortierreihenfolge umkehren

Möchten Sie die Sortierreihenfolge umkehren (von Neusten bis Ältesten und umgekehrt), dann können Sie dies mit der Funktion Sortierreihenfolge umkehren im Menü Aktionen tun. Diese Funktion ist kontextabhängig, das heisst, dass sie nur sichtbar ist, wenn die Aufgabenliste nach einem Kriterium (z.B. Fälligkeitsdatum) sortiert ist (siehe Tabelle 2.6).

Ist die Aufgabenliste sortiert, dann erscheint, ebenfalls kontextabhängig, die Funktion *„in meiner Reihenfolge anzeigen"*. Diese Funktion zeigt die Aufgaben wieder in der Reihenfolge an, in der Sie die Aufgaben angelegt und sortiert haben.

**Tabelle 2.6:** Sortierreihenfolge, kontextabhängiger Menüeintrag

### 2.5.5 Aufgabenlisten Verwalten

Das Symbol ⋮≡▸ öffnet ein Menü zu den Verwaltungsfunktionen von Aufgabenlisten. Ein linker Mausklick ermöglicht Ihnen den Zugang zum Listenverwaltungsmenü, welches die Einträge Liste aktualisieren, Liste umbenennen, Liste löschen und Neue Liste enthält. Das Symbol und die soeben aufgeführten Funktionen sind in der Tabelle 2.7 abgebildet.

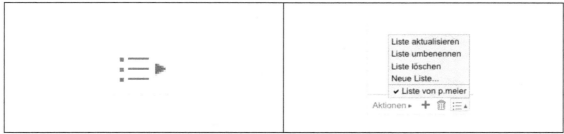

**Tabelle 2.7:** Aufgabenlisten verwalten

### 2.5.5.1 Listen anlegen, umbenennen und löschen

Wenn Sie eine Liste anlegen möchten, dann klicken Sie mit der linken Maustaste auf Neue Liste. Sie werden mit einem Eingabedialog gebeten, einen Namen für die neue Aufgabenliste einzugeben. Wir haben den Namen *„NeueListe"* eingegeben und dieser erscheint nach dem Bestätigen mit dem OK-Button, Unterhalb dem Aufgabenbereich in fettgedruckter Schrift und ein wenig eingerückt (siehe Tabelle 2.8).

**Tabelle 2.8:** Liste anlegen

Wählt man die Funktion Liste umbenennen, dann erscheint ein Dialog mit der Aufforderung einen neuen Namen für die Aufgabenliste anzugeben. Bestätigt man diesen mit OK, wird der neue Name unter Aufgaben-Titel angezeigt (siehe Tabelle 2.9).

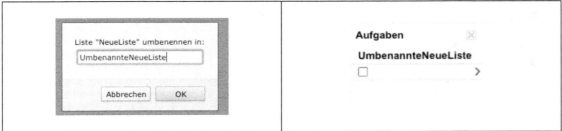

**Tabelle 2.9:** Aufgabenliste umbenennen

Möchte man eine Liste löschen, dann verwendet man die Funktion Liste löschen. Die aktuell angezeigte Liste wird dann gelöscht, sofern Sie den Dialog zur Bestätigung der Löschung mit OK quittieren (siehe Abbildung 2.71).

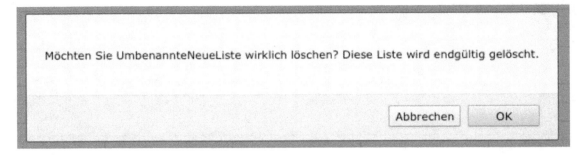

Möchten Sie UmbenannteNeueListe wirklich löschen? Diese Liste wird endgültig gelöscht.

Abbrechen    OK

**Abbildung 2.71:** Bestätigung zum Löschen einer Aufgabenliste

### 2.5.5.2  Aufgabenliste wechseln

Haben Sie mehrere Aufgabenlisten, dann erscheinen diese unterhalb der Funktionen vom Listebearbeitungsmenü (siehe Abbildung 2.72). Klickt man mit der linken Maustaste auf die Liste, dann wird ein Häkchen vor die aktivierte Aufgabenliste gesetzt und die darin enthaltenen Aufgaben angezeigt.

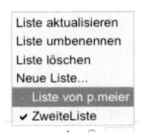

Liste aktualisieren
Liste umbenennen
Liste löschen
Neue Liste...
Liste von p.meier
✓ ZweiteListe

**Abbildung 2.72:** Mehrere Listen / zwischen Listen wechseln

## 2.6  Praxisbeispiele Firmenauto gemeinsam nutzen

### 2.6.1  Einleitung

In diesem Praxisbeispiel wird Ihnen gezeigt, wie Sie ein Firmenauto gemeinsam nutzen können.

**Voraussetzungen:**
Zugang zu einem GoogleKalender.

### 2.6.2  Kalender Auto erstellen

Klicken Sie bei meine Kalender auf das ▼ Symbol und dort auf *„Neuen Kalender erstellen"* (siehe Abbildung 2.73). Der Dialog für einen Neuen Kalender erscheint (siehe Abbildung 2.74). Alternativ können Sie auch über das Zahradsymbol ⚙· Einstellungen und dann Kalender zum gleichen Dialog gelangen. Sie sollten die Felder ausfüllen für den Kalendernamen, die Beschreibung, den Ort und auswählen, ob Sie den Kalender freigeben möchten. Weil wir das Auto mit anderen Mitarbeitern gemeinsam nutzen möchten, fügen wir diese bei Freigaben an. Da der Mitarbeiter R. Müller in der gleichen Unternehmung arbeitet und damit auch eine E-Mail-Adresse in der gleichen Domain hat, wird beim Eintippen der Ersten Buchstaben seine Adresse von Google vorgeschlagen. Nun erscheint der neue Kalender *„Auto"* in der Hauptkalenderansicht. Der Mitarbeiter r.mueller@youmindit.ch sieht die *„Termine"*, sprich die Belegung des Autos ebenfalls bei sich unter weitere Kalender (siehe Abbildung 2.75).

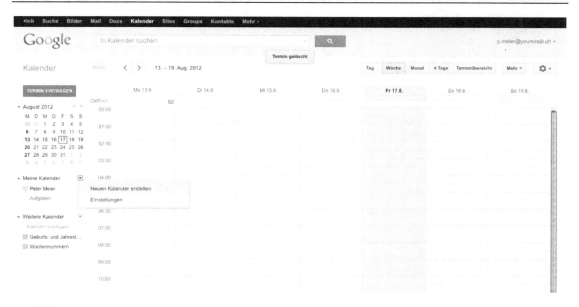

**Abbildung 2.73:** Option Neuen Kalender erstellen aus der Hauptansicht

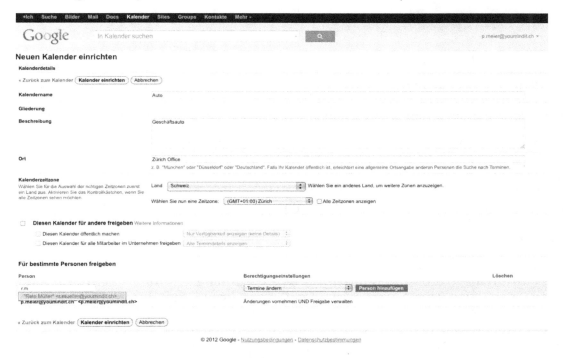

**Abbildung 2.74:** Dialog Kalender erstellen

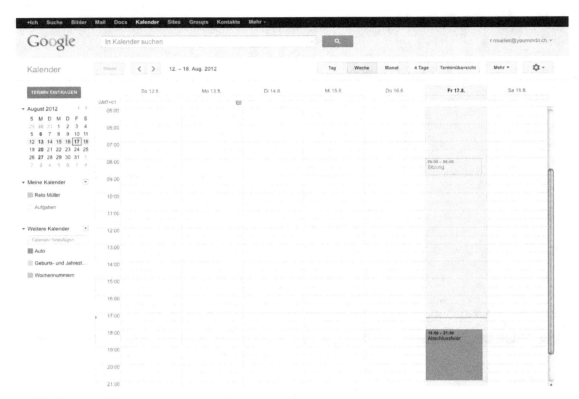

**Abbildung 2.75:** Autotermin sichtbar

Beim Beispiel des Autos ist es sinnvoll Personen Zugriff auf den Kalender zu geben, denn so können alle Mitarbeiter das Auto reservieren. In manchen Fällen kann es erwünscht sein, dass nur jemand die Kontrolle über die Ressource hat, weil die Nutzung z.B. genehmigt werden muss. Es könnte auch sein, dass man, aus organisatorischen Gründen, den Wunsch hat, die Ressource zentral zu kontrollieren. In einem solchen Fall werden bei den Freigabeoptionen die Recht auf Alle Termindetails oder nur Verfügbarkeit anzeigen heruntergestuft, so dass nur der Kalenderbesitzer, also die Person, welche ihn erstellt hat, Termine verändern kann.

Seien Sie sich bewusst, dass im genannten Fall alle Personen die Rechte haben um Termine zu verändern. Bei Terminen mit Gästen oder Benachrichtigungseinstellungen, werden Sie darüber in Kenntnis gesetzt, doch Sie können die Änderung nicht zuordnen. Sie wissen also nicht wer was geändert hat. Sie können dies in Erfahrung bringen, wenn Sie die Benachrichtigungseinstellungen entsprechend einstellen und sich über Erstellen, Aktualisieren und Absagen von Terminen per E-Mail oder SMS vom Kalender informieren lassen.

---

**Wenn mehrere Personen Termine bearbeiten dürfen, wissen Sie nicht, wer welche Änderung vorgenommen hat.**
**Ist Nachvollziehbarkeit eine Anforderung, müssen Sie die Benachrichtigungseinstellungen aktivieren!**

---

## 2.7 Praxisbeispiel GoogleKalender auf Webseite freigeben

In diesem Praxisbeispiel geben wir den Kalender für das Auto auf einer Webseite frei, so dass via Internet die Verfügbarkeit des Autos eingesehen werden kann.

**Voraussetzungen:**

1. GoogleSite Webseite
2. Kalender einer Ressource

### 2.7.1 Einfügen eines Kalenders auf einer GoogleSites Webseite

Bevor Sie loslegen, stellen Sie sicher, dass Sie einen Kalender einer Ressource haben, den Sie einbinden können.

Gehen Sie zur Webseite in GoogleSites, auf der Sie einen Kalender einfügen möchten. Klicken Sie auf Seite Bearbeiten. Klicken Sie nun auf den Reiter Einfügen (siehe Abbildung 2.76) und wählen Sie Kalender aus. Es erscheint ein Dialog, welcher eine Auswahl an Kalendern beinhaltet (siehe Abbildung 2.77).

Wählen Sie den Kalender, den Sie auf dieser Seite veröffentlichen möchten. Nachdem Sie Ihre Auswahl bestätigt haben, erscheint ein Dialog mit den Optionen (siehe Abbildung 2.78). Auf diese wird später in diesem Abschnitt eingegangen. Durch ein Klick auf die Speichern-Schaltfläche werden die Kalenderoptionen gespeichert und das Kalender-Objekt erscheint auf Ihrer Webseite.

Solange Sie sich im Editiermodus befinden, erscheint das Kalender-Objekt als graue Fläche (siehe Abbildung 2.79). Speichern Sie die Webseite und das graue Kalender-Objekt verschwindet. Der ausgewählte Kalender wird angezeigt (siehe Abbildung 2.80).

Kunden können nun den ausgewählten Kalender sehen und so einen passenden Termin vereinbaren.

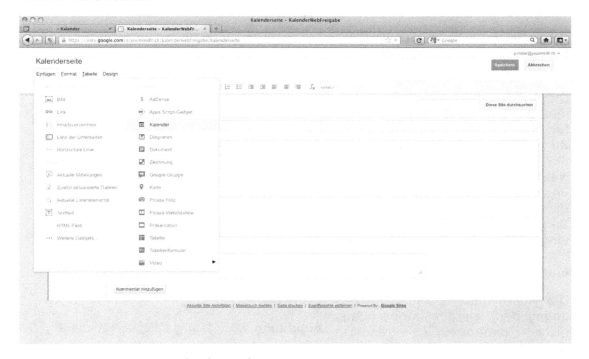

**Abbildung 2.76:** Reiter Kalender Einfügen

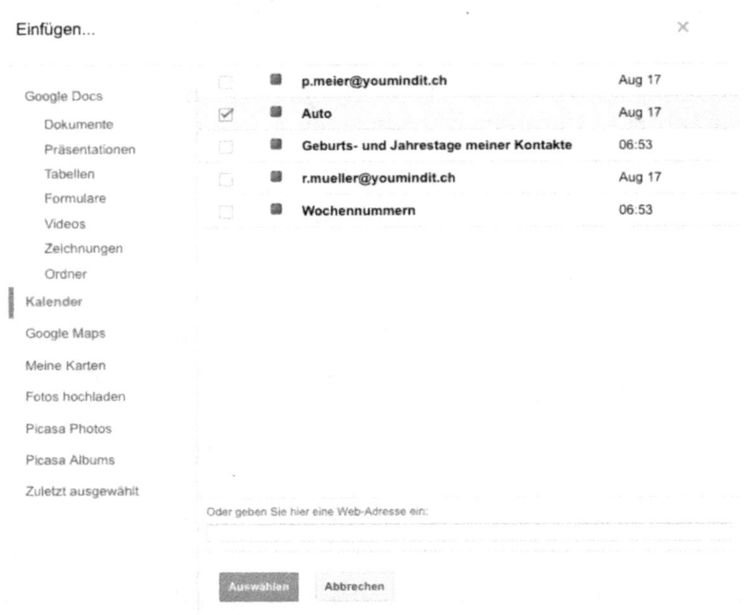

Einfügen...
Google Docs
Dokumente
Präsentationen
Tabellen
Formulare
Videos
Zeichnungen
Ordner
Kalender
Google Maps
Meine Karten
Fotos hochladen
Picasa Photos
Picasa Albums
Zuletzt ausgewählt
p.meier@youmindit.ch
Aug 17
Auto
Aug 17
Geburts- und Jahrestage meiner Kontakte
06:53
r.mueller@youmindit.ch
Aug 17
Wochennummern
06:53
Oder geben Sie hier eine Web-Adresse ein:
Auswählen
Abbrechen


**Abbildung 2.77:** Kalenderauswahl

Der Hyperlink *„Weiteren Kalender anzeigen"* lässt Ihnen die Möglichkeit offen, mehr als einen Kalender anzuzeigen. Somit können Sie Ressourcenauslastungen konsolidiert anzeigen und müssen nicht für jede Ressource / Kalender eine eigene Seite pflegen.

Die Höhe ist fix und muss in Pixel angegeben werden. Wird unter Breite keine Angabe gemacht, wird diese automatisch auf 100% der verfügbaren Breite skaliert.

Die Option Anzeigen lässt Ihnen die Wahl, ob Sie eine Wochen, Monat oder Terminübersicht angezeigt haben möchten.

Die Zeitzone kann ausgewählt werden, damit die Zeiten der Termine stimmen.

Die Anzeigeoptionen ermöglichen die Anzeige eines Reiters (Tab) für Monat, Woche oder Agenda. Zudem können Sie wählen, ob der Kalendername, Navigationsfläche, ein Rahmen und Titel des Kalenders dargestellt werden soll oder nicht. Zudem kann der Kalender so eingestellt werden, dass der aktuelle Datumsbereich angezeigt wird.

Die Höhe muss absolut in Pixel angegeben werden und kann nicht dynamisch verändert werden. Gleiches gilt für Zeitzonen, Anzeigen (Woche / Monat / Termine) und die Breite.

Google Kalender einfügen
Auto
Weiteren Kalender anzeigen
Höhe: 600 Pixel
Breite: Pixel (leer belassen für 100 % Breite)
Anzeigen Monat
Zeitzone Zeitzone wählen...
Anzeigeoptionen
Tabs für Monat, Woche und Agenda anzeigen
Kalendernamen anzeigen
Navigationsschaltflächen anzeigen
Aktuellen Datumsbereich anzeigen
Rahmen um Google Kalender einschließen
Titel einschließen: Auto
SPEICHERN
Abbrechen


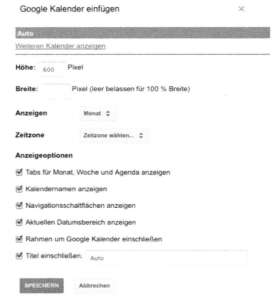

**Abbildung 2.78:** Dialog Kalenderoptionen

Die Termine in dem eingefügten Kalender sind über die Website im Internet auffindbar und können von allen Besuchern eingesehen werden. Stellen Sie unbedingt sicher, dass die Termine in diesem Kalender auch von allen Besuchern gesehen werden dürfen.

**Abbildung 2.79:** Kalenderobjekt in der Bearbeitungsansicht

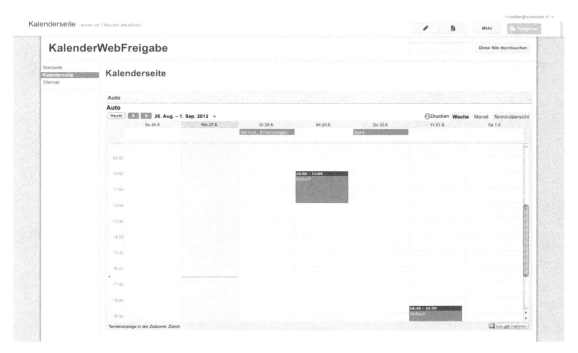

**Abbildung 2.80:** Kalender Webseitenansicht (Wochenansicht)

# 3   Google Apps Sync™ für Microsoft Outlook

## 3.1   Einleitung

In diesem Kapitel werden die Funktionalitäten des Google Apps Sync™ für Microsoft Outlook® vorgestellt. Mit diesem Tool können Sie Microsoft Outlook® als E-Mail-Client verwenden und müssen die E-Mails, Termine und Aufgaben nicht über den Webzugang (Browser) verwalten.

**Inhalte dieses Kapitels:**

- Erstellen eines Profils in Microsoft Outlook®
- Installieren von Google Apps Sync™ für Microsoft Outlook®
- Einstellungen und Funktionalitäten von Google Apps Sync™ für Microsoft Outlook®

**Voraussetzungen:**

Sie sollten ein Google App Account besitzen. Zusätzlich sollten Sie Google Sync™ für Microsoft Outlook® herunterladen. Sie benötigen ein Microsoft Windows Betriebssystem ab XP SP3 und Microsoft Outlook® 2003 SP3, 2007 SP1 (Hotfix beachten) 2007 SP2 oder Outlook® 2010 32 / 64 Bit Version (Hotfix beachten).

## 3.2   Google Apps Sync™ für Microsoft Outlook® installieren

Es gilt vorauszuschicken, dass die Reihenfolge bei der Installation wichtig ist. Stellen Sie sicher, dass Sie eine mit Google Apps Sync™ kompatible Outlook® Version installiert haben, bevor Sie Google Apps Sync™ herunterladen.

> **Bevor Sie mit dem Herunterlagen von Google Apps Sync™ beginnen, stellen Sie sicher, dass Sie eine kompatible Outlook Version installiert haben.**

Laden Sie Google Apps Sync™ für Microsoft Outlook® herunter. Es wird zusätzlich der Google Migrations Assistent heruntergeladen. Wenn Sie die heruntergeladene Datei ausführen, erscheint ein Dialog zur Anmeldung mit Ihrem Google Apps Konto. Dazu müssen Sie lediglich Ihre E-Mail-Adresse eingeben und das dazugehörige Passwort (siehe Abbildung 3.1).

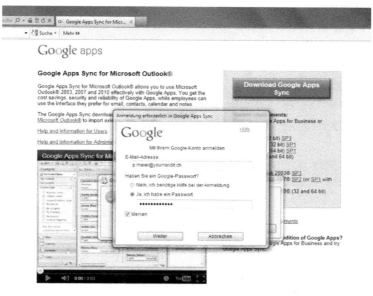

**Abbildung 3.1:** Konto hinzufügen Installationsdialog

Anschliessend startet die Google Applikation den Migrationsassistent, sofern Sie diesen nicht selbst direkt ausführen (siehe **Abbildung 3.2**) und eine Outlookinstallation vorhanden ist.

**Abbildung 3.2:** Konto hinzufügen Migrationsdialog

**Abbildung 3.3:** Migrationsdialog

**Abbildung 3.4:** Migrationsoptionen

**Abbildung 3.5:** Migration starten

**Abbildung 3.6:** Migration abgeschlossen

Wenn Sie sich dort ebenfalls authentifiziert haben, werden Sie nach der Art der Migration gefragt. Sie können entweder ihre aktuellen Einstellungen verwenden, auf die Einstellungen von Outlook® verweisen oder eine PST angeben, aus der die Kontakte, E-Mails und Kalendereinträge übernommen werden sollen. Des Weiteren können Sie zwischen *„Allen Daten"* und *„nur den Neuen"* migrieren, auswählen.

Haben Sie sich im Migrationsdialog entschieden, wird Ihnen ein weiterer Dialog zu den Migrationsoptionen präsentiert. Hier können Sie die Migration genauer steuern. Wählen Sie aus, welche Outlookelemente (Kalender, Kontakte, E-Mails) Sie migrieren möchten. Neben dem Spam Ordner und den gelöschten Elementen, können Sie auch einen Zeitraum angeben. Insbesondere wenn Ihre Internetanbindung nicht sehr schnell ist, kann diese Option sinnvoll sein, um die Menge an Daten, die Synchronisiert werden muss (Die Synchronisation wird jeweils beim Öffnen von Outlook® gestartet), zu reduzieren.

Haben Sie die Migrationsoptionen gewählt und mit Klicken des Migrieren Buttons bestätigt, beginnt die Migration der ausgewählten Outlookelementen (siehe Abbildung 3.5).

Je nach Grösse Ihres Kontos, dauert die Synchronisation eine Weile.

Ist Ihr Konto gross und möchten Sie alle Elemente synchronisiert haben, kann es nötig sein, die Grössenbeschränkung der Synchronisation Ihres Posteingangs aufzuheben (siehe Abschnitt 3.2.1).

Sollte die Migration fehlschlagen, stellen Sie sicher, dass die Einstellungen in Ihrem Google App Konto eine Migration / Synchronisation erlauben. Falls Sie keinen Zugang zum Administrationsinterface Ihrer Google Apps Domainverwaltung haben, kontaktieren Sie Ihren Domain- Administrator, der diese Einstellungen für Sie vornehmen kann.

Nehmen Sie diese Einstellungen selber vor, dann loggen Sie sich mit dem Administrator-Account bei Google ein und gehen Sie dann zu https://www.google.ch/a/IHREDOMAIN. Anschliessen loggen Sie sich bei der Domainverwaltung ein und gelangen zum Controlpanel (siehe Abbildung 3.7). Dort müssen Sie sicherstellen, dass der Kontrollkasten *„Google Apps-Synchronisierung und Google Apps Connector für meine Nutzer aktivieren"* aktiviert ist. Diesen Eintrag können Sie unter Einstellungen E-Mail-Einstellungen vornehmen.

Weiter Unten in den E-Mail-Einstellungen müssen Sie nachsehen, ob *„Nutzern mit dem API für die Migration das Hochladen von E-Mails ermöglichen"* aktiviert ist (siehe Abbildung 3.8).

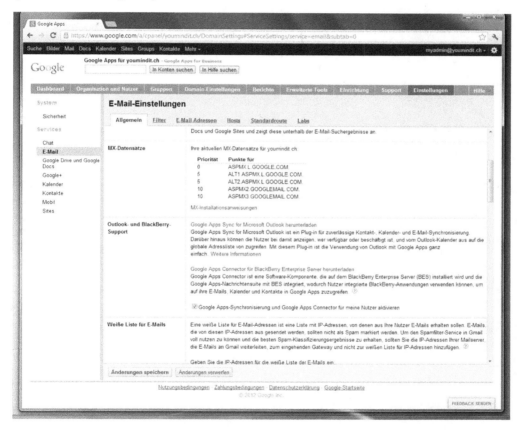

**Abbildung 3.7:** Einstellungen App Sync™

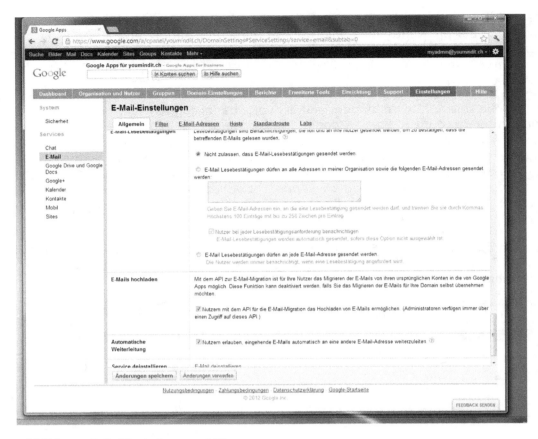

**Abbildung 3.8:** Einstellungen API

**Abbildung 3.9:** Google Apps Sync™ Konto hinzufügen

Starten Sie Google Apps Sync™ von den Windows Programmen aus *„Nutzer hinzufügen"* oder Starten Sie Outlook nach der Installation des Google Apps Sync-Programms zum ersten Mal, dann erscheint der Dialog in Abbildung 3.9. Wie beim Migrationsassistenten können Sie auswählen, welche Elemente importiert werden sollen oder in diesem Fall ein neues Profil erstellt werden soll ohne Importieren aus einem vorherigen Profil.

Klicken Sie auf den Erweiterten Einstellungen anzeigen Button, erscheint eine zusätzliche Option zur Deaktivierung der Automatischen Archivierung (siehe Abbildung 3.11).

**Abbildung 3.10:** Abgeschlossene Einrichtung

# GoogleApps4KMU

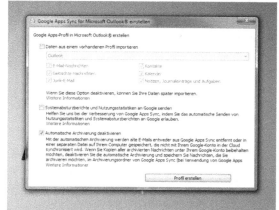

**Abbildung 3.11:** Google Apps Sync™
Erweiterte Optionen

Nachdem die Installation abgeschlossen ist, erscheint ein Dialog, welcher Sie über den Abschluss der Installation orientiert (siehe Abbildung 3.10) und mit dem Button Microsoft Outlook® starten die Option zum direkten Starten von Outlook® bietet.

Starten Sie Outlook® und haben Sie mehrere Profile, dann werden Ihnen die Profilnahmen zur Auswahl angezeigt. In unserem Fall wird das Konto von p.meier angezeigt (siehe Abbildung 3.12). Möchten Sie dass immer mit einem bestimmten Konto gearbeitet wird und nicht jedes Mal beim Start wählen, dann lesen Sie im Abschnitt 3.2.2, wie Sie bei Windows das Standardprofil festlegen können.

**Abbildung 3.12:** Profil in Outlook auswählen

Nachdem ein Profil ausgewählt worden ist, erscheint Outlook® und die Synchronisation mit Google Apps gleicht die E-Mails von Ihrem Google-Apps-Konto mit Outlook ab (siehe Abbildung 3.13).

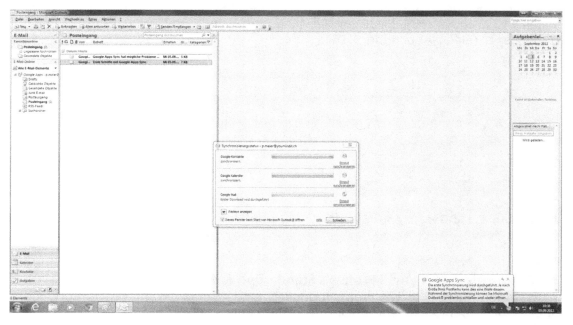

**Abbildung 3.13:** Synchronisation im Gange

Sowie die Synchronisation abgeschlossen ist, sehen Sie die E-Mails, Kontakte und Termine aus Ihrem Google Apps Account auch in Outlook® (siehe Abbildung 3.14).

You_Mind_IT                                                                 61

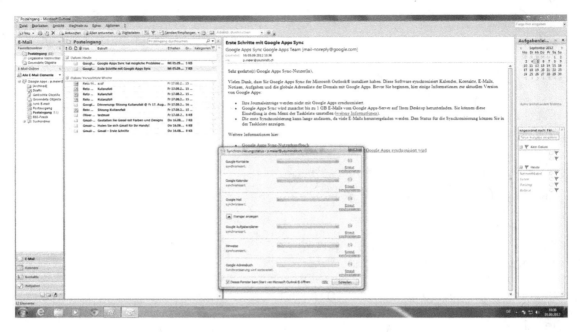

**Abbildung 3.14:** Kontakt, Kalender und Mail synchronisiert

### 3.2.1 Grössenbeschränkung Synchronisation Postfach einstellen / aufheben

Bei der Synchronisation werden Daten Ihres Google-Apps-Kontos mit den Daten im Outlook® abgeglichen. Je grösser diese Daten, desto länger dauert dieser Vorgang. Sie haben nun die Möglichkeit in der Google Apps Sync™ Applikation festzulegen, wie viele dieser Daten synchronisiert werden sollen. Dazu müssen Sie im Tray-Icon die rechte Maustaste benutzen, um das Menü zu sehen (siehe Abbildung 3.15). Wählen Sie dort den Eintrag Grössenbeschränkung für Postfach festlegen und klicken Sie mit der Linken Maustaste auf diesen Eintrag. Ein Dialog erscheint, bei dem Sie angeben können, wie viele Daten synchronisiert werden sollen (1, 2 und 4 GB). Möchten Sie alle Daten synchronisiert haben, wählen Sie Unbegrenzt (siehe Abbildung 3.16).

**Abbildung 3.15:** Google Apps Sync™    **Abbildung 3.16:** Postfachgrösse festlegen
Trayicon Menü

### 3.2.2 Google Apps Sync™ Profil als Standardprofil festlegen

Wird Ihnen beim Starten von Outlook® eine Profilauswahl präsentiert, dann haben Sie mehr als ein E-Mail Profil. Möchten Sie nicht mehr mit einer Profilauswahl aufgehalten werden beim Starten von Outlook®, dann können Sie unter Systemeinstellungen / Benutzerkonten und Jugendschutz / Mail (32 Bit) zu den Mailprofilen gelangen (siehe Abbildung 3.17). Dort sehen Sie alle Mailprofile Ihres Benutzers und können unten im Dialog angeben, dass immer mit einem bestimmten Profil in Outlook® gearbeitet werden soll *(„Immer dieses Profil*

*verwenden*"). Im vorliegenden Fall wurde p.meier als Standardprofil festgelegt.
Sie können diese Einstellungen jederzeit wieder ändern, falls Sie wieder mit
einem anderen Profil arbeiten möchten.

**Abbildung 3.17:** Standardprofil festlegen

# 4 Gmail Konto erstellen

## 4.1 Einleitung

In diesem Abschnitt wird in einer Schritt für Schritt Anleitung ein Gmail Konto bei Google erstellt. Mit einem Gmail Konto stehen Ihnen z.B. die Google Dienste E-Mail, Kontakte, Kalender, Aufgaben, Google Docs (Text-, Tabellenverarbeitung, Präsentation, Zeichnen und Formulare), Google Groups, das soziale Netzwerk von Google „+Ich" uvm. zur Verfügung.

## 4.2 Erstellung eines Gmail Kontos

Geben Sie die URL www.google.ch in Ihren Browser ein. Sie gelangen so zur Hompage von Google (siehe Abbildung 4.1). Klicken Sie oben rechts auf „Anmelden". Dies führt Sie zum Anmeldeformular (siehe Abbildung 4.2).

**Abbildung 4.1:** Google Homepage

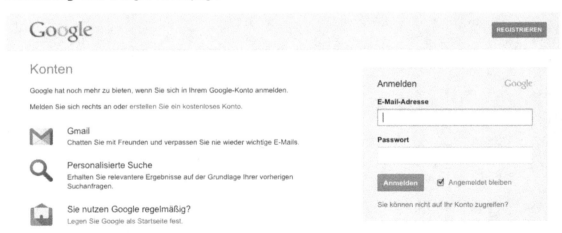

**Abbildung 4.2:** Anmeldeformular

Weil Sie noch nicht über ein Gmail Konto verfügen, klicken Sie auf den roten Button oben rechts der mit „Registrieren" angeschrieben ist (siehe Abbildung 4.2).

Wie gelangen zum Registrationsformular, wo Sie nach Ihrem Vorname, Nachname, Benutzername (von Ihnen wählbar), Password, Geburtsdatum, Geschlecht gefragt werden. Falls Ihr gewünschter Nutzername schon vergeben ist, taucht eine Meldung in roter Schrift unterhalb des Nutzername-Formularfeldes auf (siehe Abbildung 4.4).

> **Der Nutzername entspricht nach der Registration Ihrer E-Mail-Adresse bei Gmail.**

Das Mobiltelefon und die alternative E-Mail-Adresse sind keine Pflichtfelder, das heisst, dass Sie diese auch leer lassen können. Das Telefon und die alternative E-Mail-Adresse dienen z.B. zur Wiederherstellung Ihres Passwortes, falls Sie dieses vergessen sollten.

Neben Ihren Angaben werden Sie gebeten, die Buchstaben von der Grafik unterhalb von *„Können Sie das lesen"* einzugeben. Dies ist ein Schutzmechanismus, der Google vor automatisch erstellten Konten schützt. Geben Sie diese Buchstaben ein, kann sich Google vergewissern, dass es sich um eine echte Person und kein Computer handelt, der das Konto eröffnet.

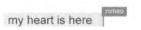

**Abbildung 4.3:** Registrationsformular

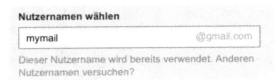

**Nutzernamen wählen**

mymail @gmail.com

Dieser Nutzername wird bereits verwendet. Anderen
Nutzernamen versuchen?

**Abbildung 4.4:** Fehlermeldung Name wird bereits verwendet

Haben Sie die verlangten Angaben gemacht und einen freien Nutzername gewählt,
dann müssen Sie noch den Nutzungsbestimmungen zustimmen (siehe Abbildung
4.5). Diese können Sie durch klicken auf die Checkbox links von *„Ich stimme den
Nutzungsbedignungen..."* tun. Anschliessend Klicken Sie auf den blauen Button
*„Nächster Schritt"*, um die Daten für die Registration an Google zu übermitteln.

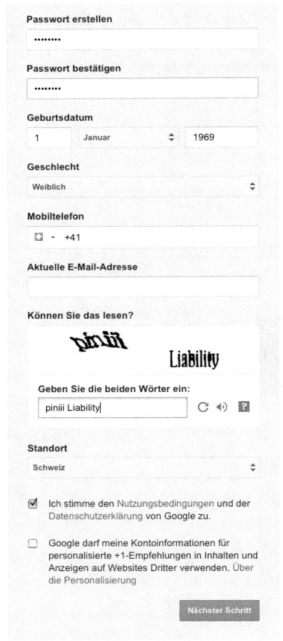

**Abbildung 4.5:** Nutzungsbestimmungen
zustimmen

Sowie Sie auf *„Nächster Schritt"* geklickt haben, werden Sie zur Abschlussseite
der Registration weitergeleitet und gleichzeitig bei Google angemeldet.

Durch ein Klick auf *„Jetzt Starten"* gelangen Sie zurück auf die Homepage von Google mit dem Unterschied, dass Sie nun mit Ihrem Google Gmail-Konto angemeldet sind. Das sehen Sie oben rechts in der Menüleiste, denn dort ist nun Ihre E-Mail-Adresse (entspricht Ihrem gewählten Nutzername) zu sehen (siehe Abbildung 4.6 bzw. Abbildung 4.9).

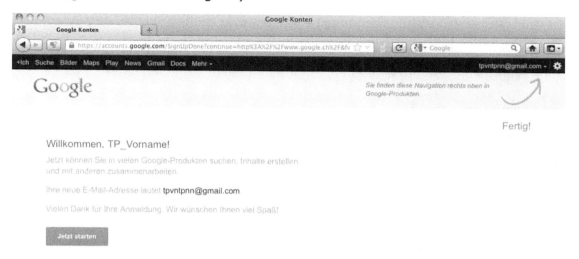

**Abbildung 4.6:** Abschluss Registration

## 4.3   Anmeldgen mit Gmail-Konto

Wenn Sie auf der Google Homepage sind und auf den grauen *„Anmelden"* Button oben rechts im Fenster klicken, dann gelangen Sie zum Anmeldeformular. Dieses verlangt Angaben zu Ihrem Gmail-Konto (E-Mail-Adresse ihres Gmail-Kontos und Ihr Passwort). Das Formular ist in Abbildung 4.7 dargestellt. Falls Sie die Option *„Angemeldet bleiben"* aktiviert lassen, dann wird ein sog. Cookie in Ihrem Browser hinterlegt, damit Sie sich nicht jedes Mail beim Besuchen der Google Homepage erneut einloggen müssen. Seien Sie sich jedoch bewusst, dass:

> **Jede Person die Zugriff auf Ihren Computer hat und mit diesem Browser surft, ohne Passwort die Funktionen Ihres Google Accounts nutzen kann.**

**Abbildung 4.7:** Anmeldeformular

Es ist also insbesondere beim Besuch von Internetcafés darauf zu achten, dass Sie die *„Angemeldet bleiben"* Funktion abwählen und sich nach Beendigung Ihrer Aufgaben in Ihrem Gmail-Konto abmelden.

Haben Sie bei der Registrierung weder Handy noch eine alternative E-Mail-Adresse angegeben, fragt Sie Google bei der ersten Anmeldung nach diesen beiden Angaben (siehe Abbildung 4.8). Es sind jedoch keine Pflichtangaben, sondern werden zur erleichterten Wiederherstellung Ihres Passwortes benötigt. Falls Sie diese Angaben lieber nicht machen möchten, stellen Sie sicher, dass Sie Ihr Passwort gut aufbewahren z.B. mit einem Passwortmanager (z.B. KeepassX).

**Abbildung 4.8:** Erste Anmeldung ohne Telefon und alternative E-Mail-Angaben

Haben Sie diese Angaben (Tel. / E-Mail) gemacht oder wünschen Sie diese leer zu lassen, dann klicken Sie auf den Button *„Speichern und fortfahren"*. Sie können diese Angaben jederzeit in Ihren Kontendaten ergänzen, falls Sie dies nachträglich tun möchten.

Durch den Klick auf *„Speichern und fortfahren"* werden Sie zur Homepage von Google weitergeleitet und mit Ihrem Gmail-Konto angemeldet (siehe Abbildung 4.9).

**Abbildung 4.9:** Google Homepage angemeldet mit Gmail-Konto

## 4.4 Abmelden vom Ihrem Gmail-Konto

Möchten Sie sich abmelden, dann klicken Sie oben rechts auf Ihr Gmail-Nutzername. Ein Dialog öffnet und ein Button „Abmelden" erscheint (siehe Abbildung 4.10).

Klicken Sie auf „Abmelden" und Sie werden von Ihrem Gmail-Konto abgemeldet. Sie sehen die Google Homepage wie wenn Sie diese zum ersten Mal ohne Gmail-Konto besuchen (siehe Abbildung 4.1).

**Abbildung 4.10:** Abmelden vom Gmail-Konto

## 4.5 Nachfrage beim 1. Einloggen nach Einstellungen

Wenn Sie sich zum 1. Mal bei Google anmelden und dann in Ihren Kalender wechseln, dann fragt Google nach, in welcher Zeitzone Sie zu Hause sind, welche Standarderinnerungseinstellungen Sie wünschen und ob Sie Ihren Kalender mit dem Handy synchronisieren möchten.

Die Zeitzone wird mit dem Dialog in der Abbildung 4.11 abgefragt. In diesem Dialog können Sie das Land sowie die Zeitzone in der Sie zu Hause sind oder die Termine sehen möchte, einstellen.

**Abbildung 4.11:** Dialog zum Einstellen der Zeitzone

Anschliessend werden Sie gefragt, welche Standardeinstellungen, die Einstellungen die eingesetzt werden, wenn Sie einen neuen Termin erstellen, Sie wünschen. Natürlich können Sie diese jederzeit ändern und auch die Erinnerung für jeden Termin verändern, doch wenn Sie in diesem Dialog die Angaben machen, welche normalerweise verwendet werden, dann können sich Sie im Normalfall einige Arbeit beim Erstellen von Terminen ersparen.

**Abbildung 4.12:** Dialog zu den Standardeinstellungen der Erinnerungsfunktion

Als letzter Dialog weist Sie Google auf die Möglichkeit der Synchronisation mit Ihrem Mobiltelefon hin.

**Abbildung 4.13:** Dialog zur Synchronisation mit Mobiletelefon

# 5 Weblinks

## Google

Google Kalender: http://www.google.com/calendar

*Google Apps Business Seite:* http://www.google.com/intl/de/enterprise/apps/business/

*Google Apps Support:*

http://support.google.com/a/bin/request.py?hl=de&utm_medium=et&utm_campaign=de&utm_source=ww-de-et-b2bfooter_apps

*Google Webinars (Schulungen übers Web):*

http://www.google.com/intl/de/enterprise/apps/business/resources/webinars.html

*Google Learning Center:* http://learn-de.googleapps.com/calendar

## Hilfe und Support

*Google Apps:* http://support.google.com/a/bin/static.py?hl=en&page=known_issues.cs

*Google Kalendar:* http://support.google.com/calendar/?hl=de

Foren

*Google Produktforum:* http://productforums.google.com/forum/#!forum/calendar-de

## Software

*Thunderbird Google
Kalender Add-On:* https://addons.mozilla.org/de/thunderbird/addon/lightning/

*Outlook Google Sync Software:*
http://dl.google.com/dl/googlecalendarsync/googlecalendarsync_installer.exe

*Outlook Google Sync Anleitung:*
http://support.google.com/calendar/bin/topic.py?hl=en&topic=13948

# 6 Glossar und Abkürzungsverzeichnis

**Account**         engl. Begriff für Benutzerkonto (Gmail- oder GoogleApp-Konto)

**Apps**            Software Applikation die einfach installiert werden kann (z.B. Smartphone-Apps,     Browser-Apps).

**AGB**             Allgemeine Geschäftsbedingungen.

**Cookie**          Textdatei, die auf Ihrem Browser hinterlegt wird z.B. zur Identifikation ohne Nutzerkonto und Passwort.

**Dialog**          Fenster welches für den Benutzer bestimmt ist (z.B. Einstellungen).

**Domain**          Menschenlesbarer Name eines Servers (z.B. www.google.ch).

**Eingabedialog**   Dialog der Eingaben vom Benutzer verlangt (z.B. Registration)

**Formularfeld**    Feld eines Formulares, welches Werte entgegen nimmt.

**Gmail**           Abkürzung für Google Mail.

**GoogleGears**     Softwarebibliothek von Google für besondere Funktionalitäten (z.B. Offline Datenspeicherung von Webanwendungen).

**GoogleLabs**      Softwareangebote    von    Google,    welche    im Entwicklungsstadkum bereits Endbenutzern zur Verfügung gestellt werden.

**HTML**            Hyper Text Markup Language zur Erstellung von Webseiten.

**Homepage**        Üblicherweise die Startseite / Eintrittsseite eines Webauftritts.

**Internetcafé**    Öffentlich  zugänglicher  Ort  der  Zugang  zum  Internet Stundenweise anbietet.

**Kontrollkästchen** engl. Checkbox die durch ein Mausklick aus- bzw. abgewählt werden kann

**Konto**           siehe Account

**Sync**            Synchronisieren ist der Prozess des Abgleichens von Daten (z.B. Kontakten, E-Mails, Termine usw.)